ドイツ菓子大全

Das deutsche Konditoreibuch

技術監修　安藤　明

柴田書店　編

これからドイツ菓子を学ぼうという皆さんへ

まずは、いろいろ食べてみてください。
おいしいな、好きだなと思ったら挑戦してください。
ドイツ菓子は日本人の好みとも相性がよく、
華やかではなくても、どことなく品があったり、
素朴で味わい深かったり。飽きのこないおいしさがあります。
もちろん、お菓子の味は素材や配合によって変わりますし、
おいしくつくるには技術と経験が必要です。
けれどもこの本を手にとった、ということは、
おめでとう。あなたもドイツ菓子の世界へ
一歩を踏み出したわけです。
楽しんでつくってくださいね。スピードとユーモアは忘れずに。
そうすれば、きっとお菓子もおいしくなることでしょう。

ユーハイム ドイツ製菓マイスター
安藤 明

目次

はじめに…2

生地を味わう菓子…7

素材について…8

Kapitel 1 Massen, Teige und Creme
基本のマッセ、タイクそしてクレメ

- ザントマッセ…13
- ヴィーナーマッセ…14
- ヴィーナーマッセ ショコラーデ…16
- アイシュネー、ベゼーマッセ…17
- ミュルベタイク…18
- ヘーフェタイク…22
- ブレッタータイク…25
- シュトロイゼル…27
- ブルーゼル…27
- バニレクレメ…28
- ブッタークレメ…30
- ザーネ、シュラークザーネ…31

Kapitel 2 Baumkuchen
生地の芸術、バウムクーヘン

- バウムクーヘンとは…36
  - ・バウムクーヘンマッセ
  - ・バウムクーヘンの製造法
- 基本のバウムクーヘン…38
- バウムクーヘン ザルツヴェーデル…44
- バウムクーヘン ドレスデン…48
- バウムクーヘン コットブス…52
- バウムクーヘン マイスター安藤オリジナル…56
- バウムクーヘン ショコラーデ…60
- バウムクーヘン シュピッツ…63
- アプフェル バウムクーヘン…64
- バウムクーヘン リンデ…66
- とげつきバウムクーヘンリングトルテ…70

コラム　ドイツ菓子とは何か❶…74
交易都市ハノーファーに根づいた
チョコレートと菓子の文化
〜ホレンディッシェ・カカオシュトゥーベ〜
バウムクーヘン／ザントクーヘン

撮影／大山裕平　デザイン／ohmae-d（中川 純）　編集／浅井裕子　協力／株式会社ユーハイム
参考文献 'Das Konditorbuch in Lernfeldern' von Josef Loderbauer　Dr. Felix Büchner/Handwerk und Technik 2009
「菓子たちの道しるべ」　熊崎賢三著　合同酒精株式会社製菓研究室　1992

Kapitel

3 Kuchen
素朴な生地の半生菓子

ザントクーヘン…80
マルガレーテンクーヘン…83
マーモアクーヘン…86
ケーニヒスクーヘン…88
キルシュクーヘン…90
モーントルテ…92
アプリコーゼンクーヘン…94
モーンクーヘン…96

コラム　ドイツ菓子とは何か❷…98
小さな田舎町ミヒェルシュタット
ドイツ菓子のおいしさは自然の恵みから
〜カフェ・ジーフェルト〜
　アプフェルクーヘン

Kapitel

4 Hefeteig
発酵生地の菓子

ブッタークーヘン…104
シュトロイゼルクーヘン…106
ビーネンシュティッヒ…107
ドレスナー アイアーシェッケ…110
キルシュケーゼクーヘン…112
アプフェルクーヘン…114
ツヴェチュケンクーヘン…116
ブッターシュトレン…118
ヌスシュトレン…122
モーンシュトレン…124
マジパンシュトレン…126
ベルリーナー プファンクーヘン…128
ヌスボイゲル…130
フリュヒテブロート…132

● 小麦粉やカカオパウダーなど粉類はふるって用いる。合わせる場合は、それぞれふるってから合わせる。
● 撹拌に用いるバターは特記がない場合は室温に戻す。
● オーブンはメーカーや型式によって個性があり、また個体によってムラもあると考えること。
　記載する焼成温度は目安と捉えて、各自使用するオーブンのクセにより調整する。
● 焼き菓子においては型の準備としてバターをぬるか、オーブンペーパーを敷く。

Kapitel 5
Torten, Schnitten

生地と素材の調和
トルテとシュニッテン

- シュヴァルツヴェルダーキルシュトルテ…136
- ドイツ風トルテの技法…141
- ケーゼクーヘン…142
- フランクフルタークランツ…146
- スパニッシャーバニレトルテ…150
- リンツァー トルテ…153
- エルトベアザーネトルテ…156
- エルトベアトルテ…158
- オブストトルテ…160
- ヒンベアトルテ…162
- ケーゼザーネトルテ…164
- トリュッフェルトルテ…167
- ドイツ風ザッハトルテ…170
- アイアーリキュアトルテ…174
- プリンツレゲンテントルテ…179
- マジパンザーネトルテ…182
- ヌスクレメトルテ…187
- ホレンダー キルシュトルテ…191
- フロッケンザーネトルテ…196
- ヘレントルテ…200
- ヨハニスベアベゼートルテ…205
- ビンベアザーネのベゼートルテ…207
- フュルストピュックラー ザーネトルテ…209
- ハイデルベア ザーネシュニッテ…213
- ショコラーデン ザーネシュニッテ…216
- クワルク ザーネシュニッテ…219

コラム　ドイツ菓子とは何か❸…222

ドイツ有数の保養地バーデン＝バーデン
現代ヨーロッパの洗練とドイツらしさ
～カフェ・ケーニッヒ～
　シュヴァルツヴェルダーキルシュトルテ／
　スパニッシャーバニレトルテ

- ●生地は、室温や湿度、材料のコンディション、混ぜかた、焼成のタイミングなどによって、仕上がりの出来が変わる。それらを微調整して、仕上がりを安定させるのがプロの技術である。
- ●材料表記について。分量はつくりやすいように少量で表記したが、製菓店の現場ではロットを大量にまとめてつくる。分量を再計算する場合、単純な掛け算をすると塩や香辛料などの分量が多くなりすぎるので注意する。

Kapitel 6 Traditionelle Süßwaren und Lebkuchen
個性的な生地の伝統菓子

レーリュッケン…232
モーレンコプフ…234
ムッツェンマンデル…237
シュプリッツクーヘン…238
スペクラチウス…240

コラム　ドイツ菓子とは何か❹…241
中世から続く伝統
蜂蜜とスパイスが菓子のはじまり
～カフェ・ジーフェルト～
　エリーゼンレープクーヘン
　ドミノシュタイン
　バーゼラー レッカリィ

Kapitel 7 Teegebäck
多彩な生地の小さな菓子

シュプリッツゲベック バニラ…250
シュプリッツゲベック マンデル…251
シュプリッツゲベック ハーゼルヌス…252
シュプリッツゲベック ショコラーデ…253
シュピッツブーベン…254
ブレッツェル…255
シュヴァルツヴァイス…256
オクセンアウゲン…258
バニラキプフェル…259
ツィムトシュテルネ…260
ハイデザント…261
ショコマクローンリ…262
フロレンティーナ…263
ボベス…264
ヒッペンマッセ マンデル…265
ヒッペンマッセ カカオ…266
ドゥシェ…267
オランジェンホルンヒェン…268
シュバイネオーレン…269

あとがき

日本におけるドイツ菓子…270
株式会社ユーハイム 代表取締役社長　河本武

Die Geheimnisse der vielfältigen feinen Backwaren.

ドイツ菓子は生地を味わう菓子である。

きめこまやかなスポンジ生地、ナッツやチョコレートたっぷりの生地、サクサクと心地よく崩れるビスケット生地、イースト発酵の軽い生地。じつにさまざまだ。温めた蜂蜜と刺激的な香辛料を練り合わせるレープクーヘン生地は中世から存在するし、いまやドイツ菓子の代表に成長したバウムクーヘンは、まさに重なった生地を食べる菓子そのものである。バウムクーヘンは人気者だが、他にもドイツ菓子は日本に深く浸透している。洋菓子の定番ショートケーキはエルトベアトルテという苺のトルテが原形である。ベイクドチーズケーキはケーゼクーヘン、チョコレートケーキはザッハトルテやヘレントルテのようなチョコレートのトルテが基となっている。第一次大戦時、俘虜として来日したドイツの菓子職人が、日本に残って製菓技術を広めたためである。
ところで、そもそもドイツ菓子とは何か。その答えはひとつではない。現代ドイツも連邦国家であるが、遡って東西に分かれた近代、プロイセンとハプスブルグ君主国という2つの大国と無数の中小国が群雄割拠を続ける中世から近世を経てきたドイツにあって、「ドイツ菓子とはこうである」と特徴を一言で決定づけるのは難しい。ある面ではゲルマン的であり、ある面ではオーストリア的であり、スラブやサクソン的でもある。また、たとえばチョコレートは新大陸発見以降スペインからもたらされたが、同時にチョコレートを扱う技術はスイス菓子職人の手によって伝わっている。いってみれば、ドイツ菓子は中央ヨーロッパの地続きで複雑な歴史を色濃く反映している。だから、生地の多様性が現代に伝わり、残されているのである。
ドイツ菓子を知ることは、ヨーロッパ菓子の成り立ちに触れること、長い源流をたどる旅でもある。

Rohstoffe
素材について

ドイツではありふれた素材でも、日本では入手しにくい場合がある。
本書では日本で入手でき、一般的に用いられる素材を念頭に、
おいしくつくれるよう配合を組み立てている。
現地とまったく同じ素材を使わないといけないということはないし、
菓子店で使う場合は現実的な価格に見合わない場合があるからだ。
しかし、ドイツではどんな素材があり、それらがどんな風味で、
菓子にどのような用途と背景があって用いられているかを理解することは重要である。
それがわからなければ、配合を調整することもできない。
素材を知ることは、菓子づくりの第一歩である。

Weizenmehl
（ヴァイツェンメール／小麦粉）
ヨーロッパでの小麦粉の区分は粉に含まれる灰分で決められている。日本ではグルテンの強さで薄力粉、中力粉、強力粉と分かれるが、ドイツでそれらに相当するものは菓子用type405、菓子と発酵生地の菓子用type550、パン用type812またはtype1050と考えてよい。たとえばtype550の粉を使う発酵生地を日本でつくるには中力粉、または薄力粉と強力粉を同割にして用いる。薄力粉の選びかたは重要であり、グルテンの出かたや粒子のこまかさにより、生地の固さや焼成した時の「浮き」が変わってくる。

Weizenpuder
（ヴァイツェンプダー／小麦澱粉）
小麦の澱粉だけを粉にしたもので、日本でも「浮き粉」として販売されている。粉の一部を澱粉に置き換えることで、生地の中のグルテン比率が下がり、繊細な食感になる。ドイツ菓子の中には、小麦粉を使わず、小麦澱粉だけでつくる生地がある。

Butter
（ブッター／バター）
ドイツのバターは基本的に発酵バターである。木製の樽でクリームを撹拌していた時代に終わりをつげ、機械でバターを量産できるようになったのは、ドイツ人が遠心分離機と連続式バター連圧機を発明したからだ。遡ってローマ人がヨーロッパに帝国を築いていた頃、ローマ人はオリーブ油を尊んで乳製品はあまり口にしなかったが、北方に位置したゲルマン人にとっては乳製品は貴重な脂肪源だった。バターやチーズとは古くからのつきあいということになる。だが当時バターは扱いが難しく、パスツールが殺菌法を発見し、冷蔵保存の技術が発達するまでは、現代の3～5倍高い塩分を加えることで腐敗を防いでいた。また、乳牛と飼料肥育が開発されるまで、牛が乳を出すのは自然な繁殖活動の活発な夏が主だったため、冬に新鮮なバターを大量に得るためには工夫が必要だったに違いない。バターを大量に使う菓子が王侯貴族のための贅沢品だったのも、材料の入手が難しいということに理由があったと想像される。日本では、バターが伝来したのは明治時代。ヨーロッパで主流の発酵バターではなく、スイートバターと呼ばれる非発酵バターが製造、普及されることになり、今日に至る（ヨーロッパの区分では発酵させたクリームからつくるバターが基本なので、生クリームからつくるバターをスイートバターと呼ぶが、砂糖が入っているわけではない）。乳酸菌発酵から生まれる酸味や強い乳の香りになじめなかったのかもしれない。現代でこそ発酵バターも市販されているが、製菓用バターは非加塩の非発酵バターである。
ドイツ菓子をつくる場合に、どちらのバターを使うかはつくり手次第ではあるが、本書では日本の製菓用低水分バターを基準としている。

Zucker
(ツッカー／砂糖)

古代ローマ世界から中世中期に至るまでヨーロッパの人々は砂糖を知らず、蜂蜜と甘いフルーツを甘味としてきた。蜂蜜入りの菓子であるホーニッヒクーヘン、レープクーヘンや乾燥フルーツを焼き固めるフリュヒテブロートなどにその伝統が残っている。砂糖はイスラム世界への十字軍遠征でサトウキビ(Zucra ツックラ)とその汁から得た結晶として、知られるようになる。初期には精製度が低く、色が黒く、アクも残っていたといわれている。中世には薬のように用いられ、最高級の輸入品だった。普及を見るのは新大陸植民地でのサトウキビプランテーションからの供給が確立されてからのことである。しかしナポレオンの大陸封鎖令によって砂糖の輸入が困難になったドイツではビート(サトウダイコン)糖の生産に乗り出す。現在のドイツの砂糖の主流がビート糖なのはこうした歴史的背景によるものである。

日本では北海道でビート糖生産がされているが、主にはキビ糖を原料としている。製菓用ではグラニュー糖を使うのが一般的である。本書でも「砂糖」の表記はグラニュー糖を基本とするが、バウムクーヘンの一部に上白糖を用いている。違いはグラニュー糖がショ糖純度が高く、サラサラしているのに対して、上白糖は転化糖を含むためコクがあり、甘みを強く感じやすい。また、転化糖を含むことから上白糖を使うとメイラード反応が起きやすく、焼き色が強くつくという特徴がある。生地の層を焼き重ねて旨みを表現したいバウムクーヘンづくりでは、あえて上白糖を使って強いメイラード反応を得るという手法をとっている。

Puderzucker
(プッダーツッカー／粉糖)

砂糖よりも粒子がこまかい粉糖を用いるのは口どけや混ざりやすさを重視する場合である。

Nuss
(ヌス／ナッツ)

ヌスとはナッツ全般のことであるが、Haselnuß(ハーゼルヌス／ヘーゼルナッツ)のことを指すこともある。アーモンドはMandel(マンデル)と特記する。
ナッツの要素を不可欠とするバウムクーヘン生地では、アーモンドが粒またはパウダー、あるいはマジパンの形で登場する。

Sahne
(ザーネ／生クリーム)

ドイツでは菓子用に使う生クリームは乳脂肪率33％前後。日本からすれば低脂肪であっさりしているが、乳脂肪率28〜30％のクリームが多いドイツの中では濃いタイプである。
これに5％の砂糖を加えるか、無糖のまま泡立ててゼラチンを加え、デコレーションクリーム等に用いる。カットしたトルテに添えることもある。

Quark
(クワルク／フレッシュチーズ)

日本では入手の難しいフレッシュチーズである。クリームチーズとヨーグルトの中間のような、白く柔らかく、軽い酸味がある。ケーゼクーヘン(チーズケーキ)に用いるが、代用としてクリームチーズとカッテージチーズを同割で使うことをすすめる。

Marzipanrohmasse
(マジパンローマッセ)

アーモンドと砂糖をすり合わせたマジパンは中世にアラブからヨーロッパに広まり、復活祭までの精進期間には肉や魚の模造品をつくる材料としても活躍した。ドイツで盛んに見られる華やかなマジパン細工の起源は古く、花などを形づくって金色にぬり、貴族たちの食卓を華やかに飾ったりもした。
マジパンローマッセ(ドイツ語に近い発音としてはマルツィパンローマッセ)は細工用のマジパンとは異なり、アーモンドと砂糖の割合が2対1(マジパンは1対1)である。

リンゴの品種は日本と異なる　　ツヴェチュケンは小型のプルーン

Obst (Früchte)
（オブスト／くだもの）

ドイツ菓子には新鮮なくだものをよく使う。生食用に改良された品種が多い日本と違って、酸味の強いリンゴや小ぶりなプルーン（ツヴェチュケン）などもある。日本でもくだもの選びがひとつの腕の見せどころであるように、ドイツにおいても菓子職人は目利きを競っている。

Gewürz
（ゲヴュルツ／香辛料）

Vanilleschote（バニレショーテ／バニラビーンズ）、Zimt（ツィムト／シナモン）などをはじめ、ドイツではカルダモンやメースなどさまざまな香辛料を菓子に用いる。蜂蜜が甘味の主役だったころには香辛料もまた食卓の最高の贅沢品であり、両者を組み合わせた菓子がさまざまに開発された歴史がある。

Honig
（ホーニッヒ／蜂蜜）

森の国であるドイツでは古くから蜂蜜食が盛んであり、さまざまな植物を蜜源とする蜂蜜がある。蜂蜜で生地をつくるホーニッヒクーヘン、レープクーヘンは砂糖が普及する前の菓子の主役だった。蜜ロウは中世の教会に欠かせないロウソクの原料だったため、その副産物として蜂蜜の製造が発達した。レープクーヘンづくりはロウソク製造業者の仕事としてはじまったという。レープクーヘンはいまでも教会の宗教行事などで配る菓子として、また郷土土産品として根づいている。

Oblaten
（硬質オブラート）

日本で言うオブラートは薄く柔らかい紙のようなものだが、それは軟質オブラートといい、日本で発明されたものである。ドイツで製菓用に用いる硬質オブラートは薄いせんべい状のもので、曲げると割れる。おもにエリーゼンレープクーヘンのような生地の土台に用いる。

ドイツ菓子の生地づくり
風味を高める3種の神器

すりおろしたレモンの皮、バニラ、塩の3つの要素を加えるのがドイツ菓子の生地の特徴である。

近代菓子の黎明期には砂糖をはじめ製菓材料はいずれも高価な交易品で、王侯貴族の贅沢の象徴だった。レモンは温かい南国への憧れをかきたてるものとして宮廷の庭で温室栽培されていたという記録もある。

現代的な風味の観点から見ても、この3つの要素はバターの乳味に爽やかさと奥行きを加え、他の素材を引き立てる重要な役割を果たしている。バウムクーヘンマッセをふくむザントマッセ、ヴィーナーマッセ、ミュルベタイク、ヘーフェタイクにも基本的に使用する。

Kapitel 1

Massen, Teige und Creme

基本のマッセ、タイク そしてクレメ

【ドイツ菓子、生地のいろいろ】

Massen, Teige
マッセ、タイク

菓子の土台や骨格となる生地にはMassen（マッセ）とTeige（タイク）の2種類がある。

マッセは材料を混ぜ合わせた流動的な生地を指す。主には下記のような種類がある。
- ●ザントマッセ
バターを泡立ててつくるパウンド生地
- ●バウムクーヘンマッセ
ザントクーヘンの一種でバウムクーヘンの生地
- ●ヴィーナーマッセ
共立てでつくるスポンジ生地
- ●ベゼーマッセ
メレンゲに粉糖を加えた生地
- ●ブランドマッセ
シュー生地
- ●ロストマッセ
蜂蜜とバターを熱してアーモンドを加えたキャラメル生地
- ●ビスクイートマッセ
バター（油脂）の入らない、小麦粉、砂糖、卵でつくる軽い生地
- ●マクローネンマッセ
卵白、砂糖、ナッツでつくるマカロン生地

それぞれのマッセにカカオやナッツなどの風味を加えることで呼び名も変わる。カカオパウダーを加えたヴィーナーマッセは「ヴィーナーマッセ ショコラーデ（またはショコ ヴィーナーマッセ）」など。

タイクは材料を混ぜ合わせて、こねる、練るなどの力を加えてつくる固い生地を指す。主には次のものがある。
- ●ミュルベタイク
トルテの土台やテーゲベック（クッキー）などに使うビスケット生地
- ●ブレッタータイク
小麦粉の生地にバターを折り重ねるパイ生地
- ●ヘーフェタイク
イーストで発酵させてつくる生地

タイクは菓子づくりの基本の中の基本であり、ドイツ菓子をつくる職人も見習いの後、最初にタイクを学ぶ。いずれも材料を混ぜ合わせた後で生地を休ませる工程があるが、待つ時間に粉と他の材料とがつながって生地になる。いい生地になったかどうかは目で見て手で触った感触で、生地と対話して確かめる。生地の基本的な配合を以下に述べるが、材料そのものの違いや生地の温度、その日の気温、湿度、また時間、焼成するオーブンの性質や火の回り加減によっても、仕上がりは違ってくる。
マッセやタイクを焼成してトルテの底や中間に用いる場合に「boden ボーデン」と呼ぶことがある。ボーデンとは「土台」「ベース」の意味。「ミュルベタイクボーデン」「ヴィーナーボーデン」のように呼ぶ。

Creme／Krem
クレメ（クリーム）

Creme クレメはクリームのことである。Kremはドイツ語表記だが、最近ではドイツでもフランスの製菓技術との交流が進み、Creme と表記することが多くなっている。

代表的なクレメは3種類で、これらに風味をつけたり、配合を調整することでバリエーションができる。
- ●バニレクレメ
基本的なドイツ式のカスタードクリーム
- ●ブッタークレメ
ブッター（バター）のクリーム。バニレクレメを加えてつくる
- ●シュラーク ザーネ
ザーネ（生クリーム）を泡立てたもの。単に「ザーネ」と呼ぶこともある

Sandmasse
ザントマッセ

ザントマッセとはバターを泡立ててつくる生地のことである。油脂分が多いのが特徴だが、
その配分によって軽いザントマッセ「ライヒテ　ザントマッセ　Leichite Sandmasse」と
重いザントマッセ「シュヴェーレ　ザントマッセ Schwere Sandmasse」に分ける。

ザントマッセの主な用途はバター生地の半生菓子、クーヘンである。代表例はザントクーヘン。基本配合は卵4、砂糖4、小麦粉・小麦澱粉4、バター4。すなわち主要材料は同割の「パウンド生地」である。

イギリスのパウンドケーキ、フランスのカトル・カール同様の生地であるが、大きな特徴としては、ドイツでは小麦粉の分量のうち何割かを小麦澱粉に置き換えていることである。

Schwere Sandmasse
シュヴェーレ　ザントマッセ

1つのミキサーで泡立てたバターに全卵を加える方法と、卵白を別に泡立てて、よりボリュームのある生地に仕上げる方法がある。
ヌスクーヘン、マーモアクーヘン、ザントクーヘン、ザッハトルテのマッセ、バウムクーヘンのマッセがこのカテゴリーに入る。

配合の基本バランス

全卵 ── 4
砂糖 ── 4
小麦粉/小麦澱粉 ── 4
バター ── 4

配合例　ザントクーヘンのザントマッセ
（つくりかた80ページ）

［材料］
バター　Butter ── 500g
バニラビーンズ　Vanilleschote ── 1/2本
すりおろしたレモンの皮
　　geriebene Zitronenschale ── 1/2個分
塩　Salz ── 4g
粉糖　Puderzucker ── 500g
全卵　Vollei ── 400g
卵黄　Eigelb ── 30g
薄力粉　Weizenmehl ── 350g
小麦澱粉　Weizenpuder ── 150g
ベーキングパウダー　Backpulver ── 8g

Leichite Sandmasse
ライヒテ　ザントマッセ

軽いザントクーヘン、キルシュクーヘンのマッセなどに使う。基本配合より卵（水分）の割合が多く、軽い生地に仕上がる。

配合例　キルシュクーヘンのザントマッセ
（つくりかた90ページ）

［材料］
バター　Butter ── 135g
砂糖　Zucker ── 170g
塩　Salz ── 2g
すりおろしたレモンの皮
　　geriebene Zitronenschale ── 1/4個分
バニラビーンズ　Vanilleschote ── 1/2本
シナモンパウダー　Zimtpulver ── 1g
クローブパウダー　Nelkenpulver ── 1g
全卵　Vollei ── 225g
薄力粉　Weizenmehl ── 135g
ベーキングパウダー　Backpulver ── 2g
カカオパウダー　Kakaopulver ── 20g
ローストヘーゼルナッツパウダー
　　Haselnüsse, geröstet, geriebene ── 85g

Wiener Masse
ヴィーナーマッセ

ヴィーナーマッセとは共立てでつくるスポンジ生地である。フランス菓子でいうパータ・ジェノワーズの位置付けに似る。
特徴は小麦粉だけでなく小麦澱粉を用いているため、食感が軽く、乾いている。
簡素な味わいの生地ではあるが、ドイツ菓子の定石である塩、すりおろしたレモンの皮、バニラビーンズを加えることから粉の香りの向こうで、レモンが遠く呼んでいるような、すっきりとした後味になる。

配合の基本バランス

全卵 —— 4
砂糖 —— 2
小麦粉/小麦澱粉 —— 2.5
バター —— 1

◎ヴィーナーマッセをつくる

◎ヴィーナーマッセをつくる

［配合例］
全卵　Vollei —— 350g
砂糖　Zucker —— 200g
塩　Salz —— 1g
すりおろしたレモンの皮
　　geriebene Zitronenschale —— 1/2個分
バニラビーンズ　Vanilleschote —— 1/2本
薄力粉　Weizenmehl —— 120g
小麦澱粉　Weizenpuder —— 100g
溶かしバター　Butter, flüssig —— 100g

1　卵と砂糖を合わせる(**1a**)。湯せんで43～45℃まで温度をあげながら混ぜ合わせる(**1b**)。
2　塩、すりおろしたレモンの皮、バニラビーンズを加えて、さらに泡立てる(**2**)。
3　まずミキサーの高速回転でボリュームが出るまで撹拌する(**3a**)。白っぽくなり、ボリュームが出るまで高速で立てる(**3b**)。充分に泡立ったら低速に切り替え、泡をしめる(**3c**)。
4　艶が出て、生地を落とした時にリボン状になるまで、撹拌する(**4**)。

5 薄力粉と小麦澱粉を合わせて、**4**に少しずつ加え、混ぜ合わせる(**5**)。

6 溶かしバター(60℃程度)をヘラの上から流し入れ、混ぜる(**6a**)。バターは熱い状態で加えないと混ざりづらいが、生地に直接流し込むと一部の生地だけが高温で変化してしまうため、へらを経由する。へらを横に動かし、生地を切るように混ぜる(**6b**)。艶が出て、ふんわりと混ぜ合わされればよい(**6c**)。

7 敷紙を敷いた型に流す(**7a**)。表面をならす(**7b**)。1台あたりの生地量は500g。

8 200℃で20分間、前後を入れ替えて、さらに20分間焼成する(**8**)。

ポイント

ドイツ菓子の生トルテではほとんどの場合、生地にシロップを打たない。このため生地の気泡を大きくする必要がない。密に詰まった状態でほろりと崩れる食感に仕上げる。

Wiener Masse Schokolade
ヴィーナーマッセ ショコラーデ

ヴィーナーマッセのチョコレート生地で、基本のショコ生地である。小麦澱粉の一部をカカオパウダーに置き換える。

シュヴァルツヴェルダーキルシュトルテ等トルテに組み合わせる土台の生地（ボーデン）として、よく使用される。断面になった時に黒い生地がアクセントになり、また、ほろ苦いチョコレートの香りと味わいが、ベリーなどのフルーツには特にぴったり合う。クレメがチョコレートの場合、重くなりすぎないようにカカオ分を10％程度減らすとよい（トリュッフェルトルテ参照）。

粉を合わせる際には、必要以上に混ぜない。カカオパウダーは水分を吸いやすく、ダマになりやすい。カカオパウダーの入らないヴィーナーマッセは溶かしバターは60℃ぐらいできれいに分散するが、ショコ生地の場合はバター温度が高すぎるとドロドロした生地になってきれいに乳化しない。45℃程度で混ぜ合わせること。

配合の基本バランス

全卵	4
砂糖	2
小麦粉/小麦澱粉	2
カカオパウダー	0.5
バター	1

◎ヴィーナーマッセ ショコラーデをつくる
［配合例］
全卵　Vollei——350g
砂糖　Zucker——200g
塩　Salz——1g
すりおろしたレモンの皮
　　geriebene Zitronenschale——1/4個分
バニラビーンズ　Vanilleschote——1/4本
薄力粉　Weizenmehl——120g
小麦澱粉　Weizenpuder——60g
カカオパウダー　Kakaopulver——40g
溶かしバター　Butter, flüssig——100g

◎ヴィーナーマッセショコラをつくる

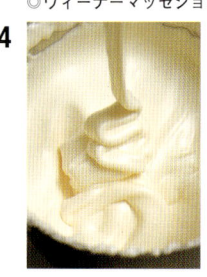
4

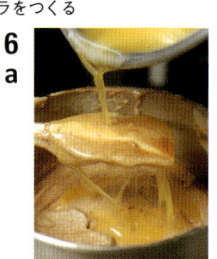
6a

5a

6b

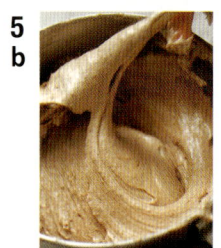
5b

7

1　卵と砂糖を合わせ、湯せんで43〜45℃まで温度をあげながら混ぜ合わせる。
2　塩、すりおろしたレモンの皮、バニラビーンズを加えて、さらに泡立てる。
3　ボリュームが出てきたら、ミキシングマシンの回転を高速から低速に切り替え、泡をしめる。
4　艶が出て、生地を落とした時にリボン状になるまで、撹拌する（**4**）。
5　薄力粉と小麦澱粉、カカオパウダーを合わせて、4に少しずつ加える（**5a**）。よく混ぜ合わせる（**5b**）。
6　溶かしバター（45℃程度）をヘラの上から流し入れる（**6a**）。全体をよく混ぜる（**6b**）。
7　敷紙を敷いた型に流し、表面をならす。
1台あたりの生地量は500g。200℃で20分間、前後を入れ替えて、さらに20分間焼成する（**7**）。

Eischnee
アイシュネー（メレンゲ／泡立てた卵白）

卵白に砂糖を加えて泡立てたものを、ドイツ語では「Eischnee アイシュネー」という。ドイツ菓子の特徴は、卵白を泡立てる際に最初に砂糖を全量加えてから泡立てることである。最初に砂糖をすべて加えると、泡立つまでに時間がかかる。しかし、白く、引き締まった、キメの細かい泡ができあがる。基本的な割合は卵白と砂糖が1対1である。「Baiser ベゼー」または「Schaummasse シャウムマッセ」ということもある。シャウムは泡の意味。フランス菓子で一般的になっているフレンチメレンゲでは砂糖は少量ずつ加える。イタリアンメレンゲでは砂糖を温かいシロップにして加える。これらはドイツ式に比べて比較的新しい手法であり、現代ではドイツでもフランス菓子の影響を受け、アイシュネーをつくる際にフランス式に砂糖を何度かに分けて加える方法を用いる人もいる。フランス式では卵白は早く柔らかい泡が立ち、作業性はいいが、その泡は安定しにくい。とくにバウムクーヘンマッセのようにしっかりした気泡と強さの必要な生地においては、ドイツ式アイシュネーでなければよい状態を保つことが難しい。現代では衛生上の観点から冷凍の殺菌液卵白を用いることが多いが、活卵から卵白を得る場合、新鮮な卵白にはタンパク質のしっかりした濃厚卵白と泡立ちやすい水様卵白がほぼ同じ割合で含まれる。しかし日数が経つにつれて濃厚卵白のタンパク質が弱まり水様化することが知られている。冷凍などの影響によってもタンパク質の結合が弱まるため、泡立てやすくなる。水様化が進んだ卵白は泡立ちやすいが、あまり進みすぎると泡が弱くなり、コシのない泡立ちになる。また、砂糖を加えると砂糖が卵白の水分を吸って、卵白が凝固しやすくなる。砂糖を最初に全量加えると固くしっかりしたアイシュネーになるのは、卵白の水分を一気に砂糖が吸うためである。アルカリ性である卵白に酸性のレモン果汁を加えたり、塩を加えて水分を吸わせることでも、やはり凝固が起こりやすくなる。これらの副素材も卵白を泡立てやすくし、しっかりしたアイシュネーを得るために深く関係があり、使用する卵白の状態によって、またアイシュネーと混ぜ合わせる卵黄生地などの状態によって配合に考慮が必要である。たとえば生地の配合表において、塩を卵黄に加える場合と卵白に加える場合の両方があるが、上記の理由でアイシュネーの固さを調整している。

配合の基本バランス

卵白 —— 1
砂糖 —— 1

ドイツ式アイシュネーの例。しっかりしてキメのこまかい気泡が特徴。

Baisermasse
ベゼーマッセ
（メレンゲ生地／卵白生地）

泡立てたアイシュネーに粉糖を加えた生地を「Baisermasse ベゼーマッセ」という。低温焼きし、トルテ用の生地などをつくることができる。イタリアンメレンゲでつくるものに似ているが、ベゼーマッセのほうが柔らかくしっとりとして甘く、ややネチっとした歯ごたえがある。

◎トルテ用ベゼーマッセをつくる（207ページ）
[配合例]
卵白　Eiweiß —— 165g
砂糖　Zucker —— 165g
粉糖　Puderzucker —— 83g

Mürbeteig
ミュルベタイク

ミュルベタイク(ビスケット生地)のmürbeとは「やわらかい」という意味である。バターが多いためやわらかく、崩れやすい生地である。ビスケットのように型抜きして焼き、そのまま食べるのはもちろんだが、生トルテやブレヒクーヘンの土台となってサクッとした食感を担う重要なパーツでもある。

1-2-3 Mürbeteig
1-2-3 ミュルベタイク

砂糖1：バター2：小麦粉3の割合でつくる基本のミュルベタイク。トルテの土台などに用いるビスケット生地である。
材料をまとめたら少なくとも1日は休ませて、生地をつなげてから使う。練ってグルテンを出すことはせず、すり混ぜてまとめること。
少量であれば作業台の上で手作業でまとめるが、量が多い場合は低速のビーターなどでさっくりと混ぜ合わせることもできる。
焼き上げた1-2-3ミュルベタイクはもろく割れやすいが、食べてみるとサクっとした食感があり、軽いクレメなど他の素材と絶妙な調和をもたらす。ドイツ風生トルテには欠かせない土台生地である。

配合の基本バランス

砂糖——1
バター——2
小麦粉——3

バリエーション

［焼き込みトルテ用のミュルベタイク(142ページ)］
型全体にミュルベタイクを敷いてマッセを焼き込む場合には1-2-3ミュルベタイクではもろすぎる。側面に生地をつける加工を行なうために、卵と粉の多い配合に替える。割れたり砕けることがなく、食感も焼き込みトルテに合った生地になる。

［テーゲベック用のシュプリッツミュルベタイク(250ページ)］
絞る(シュプリッツ)ことができる柔らかいミュルベタイク。配合はバター(＝油脂)と卵(＝水分)が多い、ゆるい生地である。低速のビーターで混ぜてつくることがほとんどである。生地を混ぜたら、すぐに絞り出して焼成するとサクサクした食感が発揮される。砂糖は粉糖のほうがバターと混ざりやすく、口どけがいい。

ビーターを使う場合

1

2

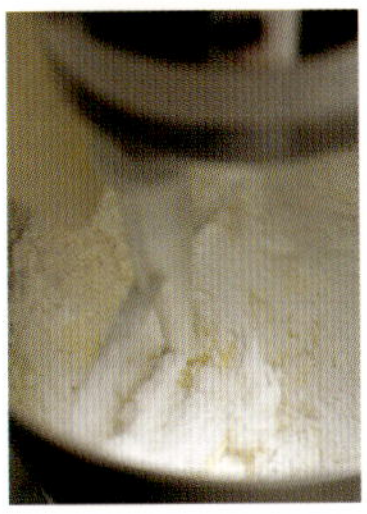

3a

3b

3c

4

5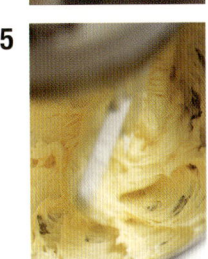

6

7

◎ 1-2-3 ミュルベタイクをつくる

［基本の配合］

薄力粉　Weizenmehl —— 450g
粉糖　Zucker —— 150 g
バター　Butter —— 300 g
塩　Salz —— 1g
すりおろしたレモンの皮
　　geriebene Zitronenschale —— 1/2個分
バニラビーンズ　Vanilleschote —— 1/2本
全卵　Vollei —— 45 g
卵黄　Eigelb —— 20 g

ビーターを使う場合

1　バターを低速のビーターで撹拌し、柔らかくする（**1**）。
2　粉糖を加えて、混ぜ合わせる（**2**）。
3　塩、バニラビーンズ、すりおろしたレモンの皮を加える（**3a,3b,3c**）。
4　混ざり合ったところへ、全卵と卵黄を少しずつ加える（**4**）。
5　卵をすべて加えて撹拌したところ。泡立てないように注意する（**5**）。
6　薄力粉を加えて、低速のままずり混ぜる（**6**）。
7　混ぜ合わさった状態（**7**）。やや粗くまとまりになったほうが、仕上がりが固すぎない。
8　ラップフィルムで包み、1日冷蔵庫で休ませる。
9　休ませた生地は艶が出て、表面もなめらかになる。適量に切って使う。

基本のマッセ、タイクそしてクレメ

手作業ですり混ぜる場合

1

4

2

5

3

手作業ですり混ぜる場合

1 台の上で粉をふるい、山に盛って中央をくぼませる。くぼみに卵を割り入れ、塩をおく。砂糖、バターをおき、カードで切りながら混ぜる（**1**）。

2 水分を吸って粉が小さな塊になってくる。手のひらですり混ぜて、このようなポロポロした状態にする。練らないこと（**2**）。

3 手で寄せ、まとめあげる（**3**）。

4 ひとまとまりにする（**4**）。ラップフィルムで包み、1日冷蔵庫で休ませる。

5 休ませた生地は艶が出て、表面もなめらかになる（**5**）。

トルテの土台として使う

1

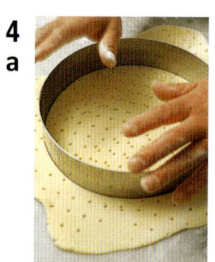
4a

2

4b

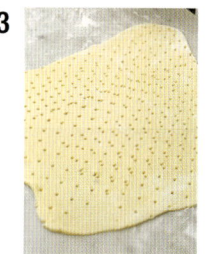
3

7

◎ミュルベタイクを使う

トルテの土台（ボーデン）として

1 生地を麺棒で5mmの厚さにのばす。最初は上から麺棒で押すように平らにする（なるべく力を加えないようにするため）（**1**）。

2 型の大きさよりも大きく均等にのばす（**2**）。

3 パイローラーなどで穴をあける（ピケする）（**3**）。

4 型と同じサイズのセルクルをあて、ナイフで生地を切り抜く（**4a**）。余分をのぞく（**4b**）。

5 180℃のオーブンで色よく焼成する。

6 焼成すると焼き縮むため、トルテの場合は仕上がりサイズよりボーデンがやや小さくなる。

7 組み立て時にはラズベリーまたはアンズのジャム、場合によってチョコレートをぬってから別のボーデンを重ね、クレメの水分がしみるのを防ぐ（**7**）。

ブレヒクーヘンの土台として使う

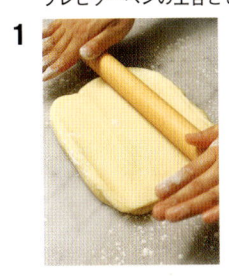

ブレヒクーヘンの土台（ボーデン）として

1　生地を麺棒で5mmの厚さにのばす（**1**）。
2　鉄板に合わせて切り抜き、パイローラーで穴をあける（**2**）。
3　枠をセットし、180℃のオーブンで色よく焼成する（**3**）。
4　焼き縮みを考え、鉄板や仕上がり枠よりもやや大きく焼くほうがよい（**4**）。
5　アンズジャムなどをぬり、フュルングやフルーツ具材の水分がしみるのを防ぐ（**5**）。

テーゲベックとして

ビスケット生地であり、薄く伸ばして型抜きすればテーゲベックになる。例を下記に挙げる。
花型で切り抜いてジャムを絞るシュピッツブーベン（254ページ）
細い棒状にした生地をハート型に編むブレッツェル（255ページ）
カカオ生地を組み合わせるシュバルツヴァイス（256ページ）

1-2-3 Mürbeteig Kakao
1-2-3 ミュルベタイクのカカオ生地

粉類の20％をカカオパウダーに替えて、カカオ生地をつくることができる。手順は下記。

◎カカオ生地をつくる

［配合例］
バター　Butter——200g
塩　Salz——1g
粉糖　Puderzucker——100g
全卵　Vollei——30g
卵黄　Eigelb——12g
薄力粉　Weizenmehl——240g
カカオパウダー　Kakaopulver——60g

カカオ生地をつくる

1　カカオパウダーとふるった薄力粉はあらかじめ合わせておく（**1**）。
2　バターを撹拌し、バニラビーンズ、すりおろしたレモンの皮、塩を加えて、混ぜる（**2**）。
3　粉糖を加え、混ぜる。
4　カカオパウダーと薄力粉を合わせた**1**を**3**に加える（**4**）。
5　混ぜ始めから終わりまで低速のビーターで練らないように混ぜ、ポロポロとした状態にする（**5**）。
6　ひとかたまりにまとめる（**6**）。
7　丸めるのではなく、平らにしておくとテーゲベックに使うには便利。ラップフィルムに包み、冷蔵庫で1日休ませる（**7**）。

ハウプトタイクをつくる

1

2

3

4a

4b
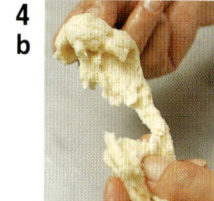

4c
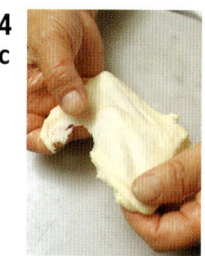

5a

5b
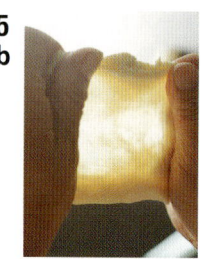

6

ハウプトタイクをつくる

1 フォアタイクの上にハウプトタイク用の小麦粉をかぶせ、しばらくおく(**1**)。

2 イーストの発酵により、小麦粉の山が割れて盛り上がってくる(**2**)。

3 **2**が充分に盛り上がったら、ドゥフックでこねる。砂糖、塩、溶いた全卵、すりおろしたレモンの皮、バニラビーンズを加えて、よくこねる(**3**)。

4 グルテンが形成され、生地がまとまってくるまでこねる(**4a**)。
充分にグルテンが出ていないのに油脂を加えると、その時点でグルテンの形成が妨げられるので、生地を少量のばしてみてちぎれるようではNG(**4b**)。切れずによくのびるのを確認する(**4c**)。

5 充分にグルテンが出たら、バターを加える(**5a**)。生地は艶が出て、さらによくのび、向こうが透けるぐらいになる(**5b**)。

6 生地をボウルから取り出し、丸めて1時間ほど発酵させる(**6**)。

ポイント

●**温度管理に注意**
イースト生地は温度管理がポイントである。イーストがもっとも活性化する生地適温は25～28℃で発酵時間は30～45分間。発酵が足りないとボリュームが出ず、発酵しすぎ(過発酵)では風味の悪い生地になる。

●**バターはグルテンが充分に出てから加える**
イースト生地をこねる時は最後に油脂分(バター)を加える。小麦粉の中のグルテンが充分に形成され、のびのよい生地ができてから油脂を加えることである。油脂にはグルテンの働きを抑える力がある。

Blätterteig
ブレッタータイク

ブレッタータイク(パイ生地)は小麦生地Grundteigグリュントタイクに同量の油脂を層に折り重ねていく生地である。折り込みの方式は、順折り込み(バターを生地で包む)、逆折り込み(生地をバターで包む)、速成(角切りバターを塊のまま練り込む)の3方式があり、ドイツではそれぞれをドイツ式、フランス式、オランダ式(ホレンダー)と称している。フランスにおける分類名称とは異なる。

折りパイは重ねる工程で何度も力が加わるため、最初にグリュントタイクをつくるときには練らずにまとめるだけにとどめて、グルテンを出さない。グルテンが出ると生地が伸びてつながろうとする力が働き、バターと生地との層がきれいに形成されないからである。

また、三ツ折を2方向から行なったら、冷蔵庫で必ず休ませることで、きれいな層が保たれる。

グリュントタイクをつくる

1

4

2

5

3

6

◎順折り込みブレッタータイクをつくる
[配合例]
強力粉　Weizenmehl ―― 250g
薄力粉　Weizenmehl ―― 250g
水　Wasser ―― 250g
塩　Salz ―― 10g
溶かしバター　Butter, flüssig ―― 40g
砂糖　Zucker ―― 30g
卵黄　Eigelb ―― 20g
折り込み用バター　Butter ―― 500g

グリュントタイクをつくる
1　台の上に粉を山に盛り、中央を凹ませて土手(ドイツ語ではラント)をつくる(**1**)。
2　水を中央の凹みに注ぎ、塩、砂糖を加える(**2**)。
3　粉の土手を内側に崩すように、水分となじませる(**3**)。
4　溶かしバターと卵黄を混ぜ合わせた液を、**3**の中心に少しずつ加え、すり混ぜる(**4**)。
5　水気が見えなくなったら、カードで周囲と中心部がよく混ざるように寄せ、だんだんとまとめていく(**5**)。
6　練らないようにまとめ、ひとかたまりにする。生地玉にまとめ、ビニール袋などに入れて乾燥させないようにする(**6**)。冷蔵庫で30〜40分間休ませる。

バターを折り込む

1

2
a

2
b

2
c

2
d
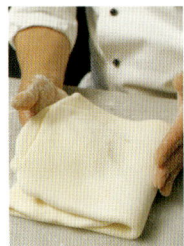

3

バターを折り込む

1 台の上でグリュントタイクを30〜40cmの正方形にのばし、ひと回り小さな正方形にのばした500gの冷たいバターを重ねて45度向きを変え、包む（**1**）。

2 麺棒で長方形にのばし、長い辺を左右から三ツ折する。向きを変え、同様に伸ばして三ツ折する。30分間休ませる（**2a-d**）。

3 **2**の動作を3回行なう（6回の三ツ折）。折り込みブレッタータイクができる（**3**）。

- 上記の基本手順では大理石などの作業台上でグリュントタイクをまとめているが、量によってはスパイラルミキサーを使ってもかまわない。その場合は混合2分、練り上げ7分間とする。
- 生地温度は22〜24℃、冷たい水で仕込むこと。折り込み用バターの作業適温は15℃。
- 小麦粉はドイツではType550（8ページ）を用いるが、日本では薄力粉と強力粉を同割で用いることで代用できる。

Streusel
シュトロイゼル

シュトロイゼルとはバター、砂糖、小麦粉をすり混ぜてつくる生地で、ぽろぽろとした小さなかたまりに砕いて用いる。カリッという食感を加えるために生地やクレメにふりかけて焼くか、火を通してトッピングに用いる。イギリス菓子のクランブルとほぼ同様のものである。

◎シュトロイゼルをつくる

[配合例]

バター　Butter —— 240g
塩　Salz —— 1.5g
すりおろしたレモンの皮
　　geriebene Zitronenschale —— 1/2個分
バニラビーンズ　Vanilleschote —— 1/2本
砂糖　Zucker —— 240g
薄力粉　Weizenmehl —— 360g

シュトロイゼルをつくる

1

3

2

4

1　ボウルにバター、すりおろしたレモンの皮、塩、バニラビーンズ、砂糖を合わせ、すり混ぜる(**1**)。
2　混ぜながら、少しずつ薄力粉を加え、すべて混ぜ合わせる(**2**)。
3　ごつごつした状態になったら、ミキサーからはずし、ヘラで切るように混ぜる。練らないこと(**3**)。
4　冷たい台の上に広げ、大きすぎるかたまりはカードで砕く。いったん冷蔵庫で冷やし固めてから使う(**4**)。

Brösel
ブルーゼル

ブルーゼルとは、ケーキクラム、パン粉のことである。とくに「Süße Brösel　甘いブルーゼル」と記述する場合はヴィーナーマッセなどの余りを粉砕したものである。菓子づくりの過程でミュルベタイクやヴィーナーマッセなどを成形した余りが出るが、それをこまかく砕いて利用。食材を無駄なく使い切る、ドイツの合理的精神が反映されている。

使いかたとしては、ブレヒクーヘンやトルテをつくる際にクレメとフルーツなどの間にブルーゼルを敷き、フルーツの水分がクレメにしみないように防ぐ。あるいはケーゼザーネクーヘン(164ページ)のように、ヴィーナーマッセなどの白い部分を砕いたブルーゼルを選んで、飾りに用いることもある。

テーゲベックなどではサクサクとした食感を出すために生地に混ぜ込むこともある。

Vanillecreme
バニレクレメ

バニレクレメは一種のカスタードクリームである。フランス菓子でいうクレーム・パティシエールに似ている。クレーム・パティシエールは「菓子屋のクリーム」の名の通り、重要度が高いクリームであり、シュー生地に詰めるなどして、クリームそのものを味わうもの。このためクリーム自体がリッチでなければならない。しかし、ドイツ菓子ではバニレクレメはあくまで脇役。バターに混ぜ合わせてブッタークレメをつくったり、ヴィーナーボーデンなどの土台生地にぬるためのものである。このクレメのおかげでフルーツの果汁やゲルの水分が移行せず、生地の食感が保たれる。土台にぬるタイプ、バターに混ぜるタイプともに配合は簡素で、味もあっさりしている。少しコクを出したい場合は生クリームを加える。
ドイツではクレームプルファーというバニラ香料の入った澱粉製品を加えて簡易的につくることもある。

◎ 基本のバニレクレメの種類

ブレヒクーヘンや生トルテの土台にぬるタイプ
ブレヒクーヘンやトルテの土台にぬる基本のバニレクレメは少量の卵に対して牛乳でのばした、水分が多く、あっさりしたクレメ。
生地にぬりやすいように柔らかく、生地と素材をつける「糊」のような役割なので、主張しない味に仕上げる。

バニレクレメをつくる

1

2

3

4

5

6

◎ バニレクレメをつくる❶
［配合例］
卵黄　Eigelb ―― 30 g
砂糖　Zucker ―― 50 g
小麦澱粉　Weizenpuder ―― 25 g
牛乳　Milch ―― 425 g
バニラビーンズ　Vanilleschote ―― 1/2本
塩　Salz ―― 2g

1　卵黄に砂糖の1/2量を加えて、白っぽくなるまですり混ぜる(**1**)。
2　1に小麦澱粉を加えて混ぜ合わせる(**2**)。
3　鍋に牛乳を入れ、砂糖の残り1/2量、バニラビーンズ、塩を加えて、沸騰寸前まで火にかける(**3**)。
4　2に3を少しずつ注ぎ(**4**)、鍋に戻して、混ぜながら強火で加熱する(**5**)。
＊底をこがさないように絶えず混ぜる。弱火にしない。クレメに火が通ると一瞬しまったようになるが、続けて混ぜると艶が出てゆるんでくる。これができ上がりの目安。
5　バットに広げ(**6**)、ラップフィルムでおおって冷蔵庫で冷ます。

バターなどに混ぜるタイプ

バターやチョコレートに混ぜ合わせて生トルテのクレメをつくるための基本のバニレクレメ。
卵は卵黄のみで、水分を抑えてコクがあるタイプ。チョコレートやプラリネを合わせる場合は甘さは控え、薄味に仕上げるなど調整する（187ページ「ヌスクレメトルテ」参照）。

◎バニレクレメをつくる❷

［配合例］
卵黄　Eigelb —— 100g
砂糖　Zucker —— 50g
小麦澱粉　Weizenpuder —— 30g
牛乳　Milch —— 500g
バニラビーンズ　Vanilleschote —— 1/2本
塩　Salz —— 2g

バニレクレメをつくる

1

2

4a

4b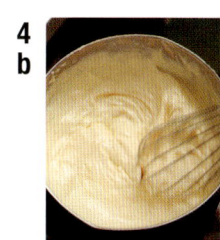

5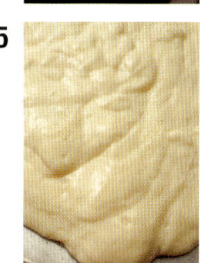

1　卵黄に砂糖の1/2量を加えて、白っぽくなるまですり混ぜる（**1**）。
2　**1**に小麦澱粉を加えて混ぜ合わせる（**2**）。
3　鍋に牛乳を入れ、砂糖の残り1/2量、バニラビーンズ、塩を加えて、沸騰寸前まで火にかける。
4　**2**に**3**を注ぎ（**4a**）、鍋に戻して、混ぜながら強火で加熱する（**4b**）。
＊底をこがさないように絶えず混ぜる。弱火にしない。クレメに火が通ると一瞬しまったようになるが、続けて混ぜると艶が出てゆるんでくる。これができ上がりの目安。
5　バットに広げ（**5**）、ラップフィルムでおおって冷蔵庫で冷ます。

バリエーション

［フランクフルタークランツ用のバニレクレメ（146ページ）］
基本のバニレクレメの一種で、配合もほぼ同様であるが、卵黄だけでなく全卵を用いて口当たりを軽く仕上げている。フランクフルタークランツは生地とアーモンド以外に味の要素が少なく、ブッタークレメが主役のトルテであり、やや甘く口当たりよく仕上げるための調整を行なっている。

Buttercreme
ブッタークレメ（バタークリーム）

ドイツ式バタークリームである「ブッタークレメ」は、撹拌したバターにバニレクレメを混ぜ合わせてつくる。バター1に対して1.5～2倍のバニレクレメが基本的な割合である。生トルテのサンドクリームまたはデコレーションクリームとして使用する。

生クリームが一般的に使用されるようになる以前はバタークリームのトルテが主流だった。バタークリームといっても、かつての日本にあったような脂肪感の強いものではなく、空気をたっぷりと含んだ口どけのよいクレメであり、バニレクレメと合わさった味わいのよいものである。

バターの品質に味が大きく左右される。チャーン製法のバターは脂肪球が小さく、香りもよく、デコレーションクリームに用いてもベタつく食感にはならず、軽やかさがある。

ブッタークレメに風味づけをすることも多い。チョコレート、ナッツ、モカ、アイアーリキュアなど酒類、フルーツを加えることもある。

配合の基本バランス

バター	1
バニレクレメ	1.5～2

ブッタークレメをつくる

1

3

2

◎ブッタークレメをつくる

［配合例］
バター —— 350g
バニレクレメ —— 735g

1　バターをビーターで撹拌し、柔らかくする(**1**)。
2　バニレクレメを加える(**2**)。
3　ブッタークレメのできあがり(**3**)。

バリエーション

［ヌスクレメトルテのブッタークレメ］(187ページ)
プラリネやチョコレートをブッタークレメに合わせるため、それらの香りや味を引き立てるようにバニレクレメの卵は控えめ、全体ではバニレクレメの割合を多くしている（ナッツやチョコレートには脂肪が含まれるため、バランスをとる）。

Sahne
ザーネ（生クリーム）

ドイツ語で生クリームを「Sahne ザーネ」という。菓子では、生クリームは乳脂肪率32〜35％と低くあっさりした味わいのものを用いる。

日本のショートケーキのように生クリームデコレーションをする場合、乳脂肪率42％の生クリームのほうが絞り出したラインがくっきりと出るが、リッチで重厚な口どけはドイツ的とはいえない。

ドイツの生クリーム使いはより「軽い」。甘さも控えめで、砂糖は加えないか、加えても生クリームの5％程度である。

Schlagsahne
シュラーク ザーネ（泡立てた生クリーム）

［配合例］
生クリーム　Sahne────1000g
砂糖　Zucker────50g

泡立てた生クリームを「Schlagsahne シュラークザーネ」というが、製造の現場ではたんに「ザーネ」と呼ぶこともある。

生クリームを泡立てる際に、砂糖を加える場合と、加えない場合がある。砂糖を加える場合は生クリームの5％量を加えるのが基本的である。シュラークザーネやザーネを元にしたクレメを生トルテに用いる時には分離しないようにゼラチンを配合する。

●乳脂肪32％と42％の生クリームにおける
　デコレーションの違い

左：乳脂肪35％の生クリーム900gに牛乳95gを加え、32％相当まで下げてから泡立ててデコレーションした例。泡立ちは粗いが大きくても食べやすい。

右：乳脂肪42％の生クリームを用いた場合。ラインはきれいで味は重厚だが、直径24〜26cmのドイツ風生トルテの大きさではくどくなってしまう。

乳脂肪率 32 %

乳脂肪率 42 %

Kapitel

2

Baumkuchen

生地の芸術、バウムクーヘン

Baumkuchen
バウムクーヘン

◎バウムクーヘンとは

生地を味わう菓子の中でもバウムクーヘンは傑出した存在である。生地を重ねて焼くという単純なようで奥の深い菓子であり、ドイツ菓子の中では「菓子の王様」と呼ばれている。原形といわれる菓子は古代ギリシアにあり、パン生地を巻いて直火で焼いたオベリアスがそれである。15世紀にはシュピースクーヘンという、小麦粉、牛乳、バター、蜂蜜を使った菓子生地をビール酵母で発酵させ、やはり紐に巻きつけて焼いた菓子の記録が残されている。現代のように生地の層を薄く重ねて、樹木の年輪のように焼き上げるバウムクーヘンが登場したのは18世紀のことと言われている。Baum バウムは木の意味で、バウムクーヘンはつまり「木の菓子」という意味になるが、これは年輪状の生地を示すというよりは、木の芯棒に生地をつけて焼くことに由来している。

各地の各菓子店で名物として競い合ったため、いったいどの町のバウムクーヘンのレシピがどうなのか、特徴を確定するのはじつは難しい。コットブスには最古のレシピがあるといわれているし、ドレスデンで発展したともいわれ、ザルツヴェーデルが現在の形のもとをつくったともされる。

本書では次のように生地と製法を区分して、それぞれもっとも特徴が強く見られる町の名前を冠して紹介する。定義というよりは、まだあまり知られていないバウムクーヘンの歴史に思いをはせ、配合の奥深さを感じるための例と考えていただきたい。

なおドイツでマイスター資格を取得するためにはバウムクーヘンをきちんと焼けなければならない。いわば菓子店の最終試験科目である。

◎バウムクーヘンマッセ

バウムクーヘンの生地をバウムクーヘンマッセという。重いザントマッセの一種である。ドイツの食品基準では、その生地は小麦粉または小麦澱粉、バター、卵、砂糖、アーモンドで構成する。アーモンドは粒状または粉、またはマジパンローマッセを用いる。ベーキングパウダーは使用しない。コーティングはチョコレートまたは糖衣（グラズーワ、フォンダン）と定められている。もちろんマーガリンや乳化剤は使わない。基本材料に加え、副材料として塩、レモン、バニラビーンズという3つの要素と酒で風味づけを行なう。製法は、卵黄と卵白をそれぞれ泡立てる別立て法が、ドイツではバウムクーヘンの基本とされる。全卵を泡立てる共立て法もかつて一部で見られたようである。

本書では共立て法をドレスデン風として紹介するが、ドレスデンでも現在は別立て法のバウムクーヘンが基本とされている。コットブス風では卵黄、卵白、バターのそれぞれを泡立てるドライケッセルマッセ（三つ別立て法）を技法のひとつとして紹介する。

◎バウムクーヘンの製造法

バウムクーヘンは難易度の高い菓子である。生地を芯棒につけて、熱源の前で回転させ、短時間に焼く。これを繰り返してつくる。遠心力をうまく利用して、生地が落ちる前にほどよく焼けるように、熱源からの距離と速度をコントロールする。バウムクーヘンづくりの失敗の多くは生焼けによる生地の落下である。生地を厚くのせすぎたり、焼く時間が短かったことで、充分に糊化していないのが原因。生地の気泡が強すぎて空気が熱せられて割れることもある。または逆に慎重に時間をかけて焼くと、生地が固くなりすぎる。適切に焼くためには、生地の温度が重要になるため、バウムクーヘンの章では生地温度と比重を表記した。焼成には専用オーブンを使う。オーブンは1本焼きから多数本焼きのものまでさまざまである。庫内は300〜400℃になる。熱源はガス式と電気式がある。ガス式のほうが生地の乾燥を防ぐことができる。ガス式はシュバンク（網）で熱を集め、生地がその面に当たることで加熱される。

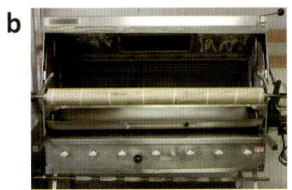

(a) 標準的な1本焼きタイプのバウムクーヘンオーブン。蓋をしめた状態。右手に回転数を変えるダイヤルとハンドル。

(b) 蓋を開けて準備した芯棒をかけた状態。オーブン下部のつまみで火力を調整する。

(c) 芯棒は木製がよい。ドイツでは昔から樫の木が、火に強くにおいもなく、よいとされる。また金属と違って必要以上に熱くならない。

Baumkuchen
基本のバウムクーヘン

バウムクーヘンの基本配合はバター1、砂糖1、粉1、卵2である。
焼き色と旨みをしっかりと焼き重ねるには、ドイツにはない
上白糖の力を借りる。もちろんグラニュー糖でもビート糖でもよい。
大切なことは、生地づくりと焼きかたである。

サイズ 120cm芯棒 2本分
[バウムクーヘンマッセ]（合計＝16620g）
バター Butter —— 3000g
マジパンローマッセ Marzipanrohmasse —— 900g
塩 Salz —— 15g
すりおろしたレモンの皮
　　geriebene Zitronenschale —— 15g
バニラビーンズ Vanilleschote —— 3本
ラム(酒) Rum　　375g
小麦澱粉 Weizenpuder —— 1500g

卵黄 Eigelb —— 2700g
卵白 Eiweiß —— 3600g
砂糖 Zucker —— 3000g
薄力粉 Weizenmehl —— 1500g

[仕上げ]
アンズジャム…温める
グラズーワ…粉糖600gにラム酒160gを加えて溶く

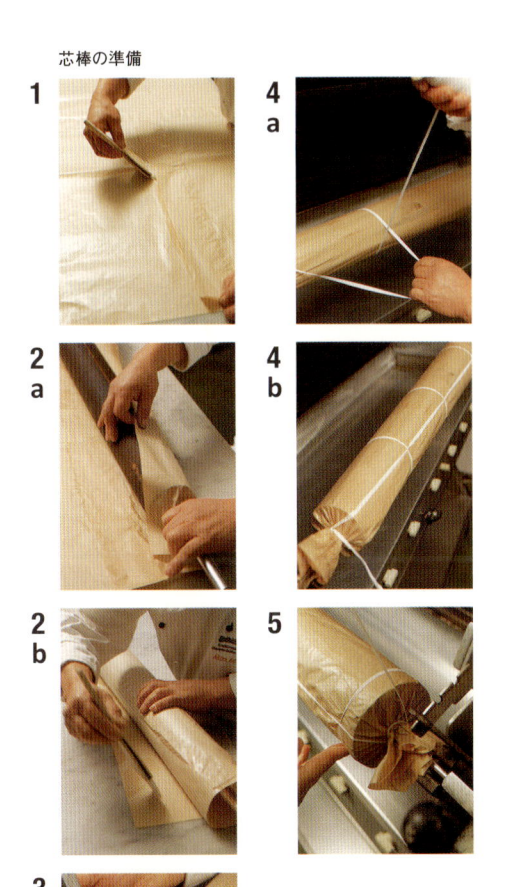

芯棒の準備

1　紙を用意する。芯棒全体を包むために、長さが芯棒よりも20cmほど長く必要。紙が小さい場合は卵白でつなぐ(**1**)。
2　紙を芯棒にしっかり巻きつける(**2a**)。巻き終わりを卵白でとじる(**2b**)。オーブンのラックにかける。
3　左端の金属芯を包むように紙をとじ、軽くねじる。綿紐でしばる(**3**)。
4　輪の中をくぐらせながら、均等な間隔で紐を芯棒に巻く(**4a/4b**)。
5　右端の金属芯を包むように紙をねじり、左からきた紐でしばる。堅結びをして、紐を切る。両端に余った紙はこげやすいので切り取る(**5**)。
6　バウムクーヘンオーブンのタネ火をつけ、ラックに芯棒をかけて回転させておく。

卵白を泡立てる

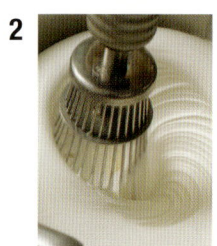

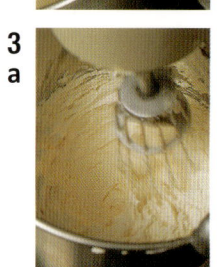

生地をつくる
製法…別立て法
バウムクーヘン生地の比重…0.68〜0.72
でき上がり生地温度…29℃

卵白を泡立てる
1　卵白をほぐし、上白糖全量を一度に加えて、泡立て始める。砂糖を最初に加えると泡立つまで時間がかかるが、気泡のこまかい、しっかりしたアイシュネーになる(**1**)。
2　充分なボリュームに泡立つまでは高速で泡立てる(**2**)。
3　ボリュームが出たら速度を落として泡をこまか引き締める(**3**)。
4　でき上がりの目安はホイッパーを持ちあげたら、ピンと濃厚な泡の角が立つこと(**4**)。
＊砂糖はここでは上白糖を用いている。グラニュー糖でもかまわない。用途の違いは9ページ参照。

バターを泡立てる

バターを泡立てる
1　卵白を泡立てるのと同時にバターを泡立て始める。バターが柔らかくなったら、マジパンローマッセを少しずつ加える(**1**)。
2　**1**にすりおろしたレモンの皮、塩、バニラビーンズを加える(**2**)。
3　**2**をダマがなくなり白っぽくなるまで混ぜ合わせる(**3a**)。よく混ぜ合わさったら、ラム酒の1/2量を加える(**3b**)。
4　小麦澱粉の1/2量を加えてさらに混ぜる(**4**)。
5　残りのラム酒をすべて加える。ダマをつくらないように時々撹拌を止め、底や周辺の生地のムラをへらで混ぜてならす。
6　残りの小麦澱粉1/2量を加える。この時点で生地温度が低い場合、バーナーで加温する。
7　卵黄を少しずつ加える(**7**)。卵黄の温度が低いと生地の温度がまた下がるので、適宜加温し、温度が28〜29℃になるよう維持する(室温も考慮する)。
8　乳化させながら卵黄を少しずつ加え、全量を混ぜ合わせる(**8**)。
＊このタイミングでアイシュネーが充分に泡立っているのが望ましい。
9　バター生地はきれいな艶が出て、ふんわりとしたポマード状になればよい(**9**)。

生地を合わせる

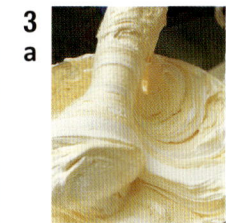

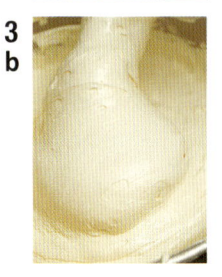

生地を合わせる

1 バター生地のボウルにアイシュネーの1/3量を加える（**1**）。

＊これをドイツ流には「犠牲のアイシュネー」と呼ぶ。バター生地と卵白生地を混ざりやすくするために、少量のアイシュネーの泡が消えてもよいのであらかじめ加えることをいう。

2 混ぜながら小麦粉を少しずつ加える。（**2a**）小麦のグルテンをよく出すために、入れる粉の量が増えるとともに混ぜる速さとボウルの回転も速くして、力強く混ぜる（**2b**）。

3 粉気がなくなるまで混ぜ、アイシュネーのボウルに戻し入れる（**3a**）。合わせた生地が均一になるように、かつ気泡はあまりつぶさないように混ぜる。白くふわっとした生地になる（**3b**）。

生地づくりのポイント

●生地温度の管理

バターと卵黄の温度が低いと生地のでき上がり温度も低くなり、火が通りにくく落下しやすくなる。適宜バーナーで加温して、温度を保つようにする。とくに冬季は気温が低いため注意する。撹拌してからバーナーで加温するだけでは充分な空気を取り込むことができない。撹拌前の素材の温度にも気をつける。

ボウルの底からバーナーで加温しながら撹拌する。

●生地の合わせかた

卵白をしっかりと泡立ててできた気泡が生地の質を決める。だからアイシュネーとバター生地、そして粉の「合わせかた」が大事だ。ボウルを抱きかかえる姿勢で素早く混ぜる。時間がたつと気泡も消えてしまう。混ぜかたは、カードを持った右手をボウルの底まで入れ、右腕を時計回りに回しながら、底の生地を上にすくい上げる。回す角度は大きく、カードはボウルの内壁を沿うように底から上に向かって動かす。同時に左手は反時計周りにボウルを回す。こうすることで少ない力で大きく撹拌することができる。生地の気泡をなるべくつぶさないことが大事。カードをボウルの壁に沿わせる時に、内壁とカードの間に粉と生地が自然に流れ、適度な力で混ざっていくのが理想的な混ぜかただ。

バターとアイシュネーの泡をつぶさずに粉を合わせる。

●上白糖を用いる理由

グラニュー糖ではなく上白糖を用いることで、しっとりした甘さとキメの細かいアイシュネーができる。また、上白糖はメイラード反応が出やすく、焼き色がきれいに出て、旨みも増す。

焼成

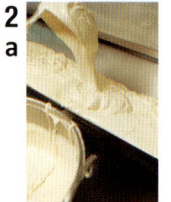

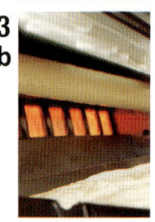

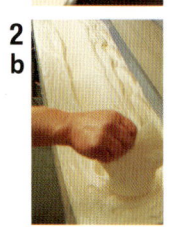

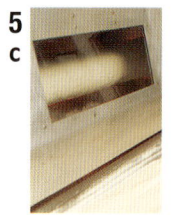

1 バウムクーヘンオーブンの火力を全開にする。ふたは閉まって芯棒が中にある状態。芯棒は手では触れないほどに熱する（**1**）。

2 生地を入れる舟型容器（ヴァネ）に生地を注いでならす（**2a**）。混ぜながら生地を温め、ゆるめる（**2b**）。

3 熱した芯棒に1回目の生地をつける。最初はゆっくりと回転させて生地をのせる（**3a**）。ラック位置に戻してオーブンのふたを閉じる（熱源に当てる）。よい焼き色になるまで、中速回転で焼く（**3b**）。

4 1回目を焼いた後、手で紐の位置を上から押さえて、生地と紐と紙とに密着させる。1回目は強めに焼くこと（**4**）。

5 2層目の生地をつける（**5a**）。以降色よく焼けたら、次の層を重ねて、また熱源に当てるのが焼成の基本動作となる（**5b**、**5c**）。層が厚くなると重さも増すので回転数やシャフトの位置を調整する。

カム仕上げの焼成

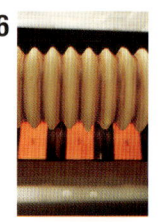

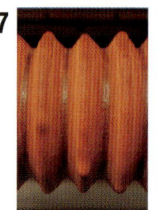

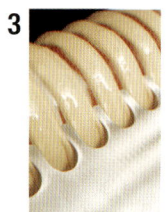

1 カム（櫛）で筋をつける仕上げ。ここでは8層目で生地をつけた後にカムを当てている（**1**）。

2 カムを当てた1回目は焼き色を薄く焼く（**2**）。

3 カムが当たる部分は谷になり生地がのらないため何度も同じ層が熱源に当たることになる（**3**）。

4 カムの谷をこがさないように距離と時間に注意する（写真は3層目）（**4**）。

5 カムを当てての4回目。谷にはほとんど生地がのらないほど段差ができる（**5**）。

6 形よく焼けたら最終層とする（**6**）。

7 焼き上がり（**7**）。カムの深さに決まりはなく、この基本のバウムクーヘンではバランスの美しさを考え、8層焼いた後で4回カムを当てている。バウムクーヘンが焼けたら火を止め、芯棒は回転させたまま、ふたを閉めたままで粗熱を取る。いきなり開けると冷たい外気に触れてバウムクーヘンが縮む。

仕上げ：アンズジャムをぬる

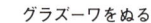

温めたアンズジャムを粗熱がとれたバウムクーヘンにぬる。乾燥を防止する意味がある。ぬったら、ジャムを乾かす。

仕上げ：グラズーワ（糖衣）をぬる

1 粉糖にラム酒を加えて軽く熱し、ダマなく溶かす（**1**）。

2 グラズーワ（糖衣）をはけでぬる（**2**）。乾かす。

＊グラズーワを薄くぬりたい場合には、まだバウムクーヘンが温かいうちにぬるほうが、温度でグラズーワがのびるため、ぬりやすい。翌日冷めてからぬると少し厚めにのるため、甘く仕上げたい場合にはよい。

焼成のポイント

●焼成はテンポよく
バウムクーヘンの焼成の基本動作を要約すると、「ゆっくり回転させて生地を少し厚めにのせ、回転を速めて生地を落としてならし、強火でさっとふんわり焼く」。これをテンポよく繰り返して、きれいな焼き色の均一な層を焼き重ねていくことである。庫内は300～400℃にもなり、1層の生地が焼ける時間はごく短い。焼き加減は回転数で調整するが、あまりじっくり焼くと固く焼き締まってしまう。スピード感をもって適度にふんわりと焼く。

層を美しく均等に焼くには回転速度に注意する。

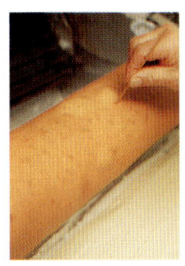

●気泡を残さない
焼いた際に表面にぷくっと気泡がふくらんだ場合は、とくに内側の層では必ず、竹串などで気泡に穴を開けて、空気を残さないこと。生地の浮いた部分が残ると、残った空気が熱で膨張し、生地が割れて落下の原因になるため。

●ヴァネの生地の扱いかた
ヴァネに注いだ生地は表面がオーブンの熱で温められ、温度がムラになる。時々混ぜて、ムラをなくす。ボウルの生地をヴァネに注ぎ足す時は、先の生地とよく混ぜ合わせて、テクスチャを均一にする。生地を注ぎ足すことで気泡が増え、焼いた時に表面が暴れやすくなるが、回転数を速めることで余分を早くふり落とし、先の生地でつくった層となじませる。その際も層が薄くならないように注意する。

内側の層にできた気泡を残すと落下の原因に。

美しいバウムクーヘンに仕上げるには、生地を注ぎ足ししたとしても、層が均一な年輪でなければならない。生地をつけて芯棒を熱源近くに戻した直後は、余分な生地が落ちてくる。オーブンの機構によってヴァネが可動式の場合は、内側に入れて生地を受ける。ただし手早く引き戻さないとヴァネの生地が焼けてしまうので注意する。

ヴァネの中の生地がよい状態を保つようにする。

●芯棒の太さ
芯棒の太さによって生地にかかる遠心力が変わる。細い芯棒では薄い層がのり、太くなれば厚みが増す。層の数が同じなら、小径のバウムクーヘンは生地の層が薄いため、大径のものより乾燥しやすい。
また遠心力による自然な山を大きくつくりたい場合は、あらかじめ太い芯棒を用いる。

●層の数
個数販売する場合は大きさをそろえるために、層の数と仕上がり直径を決める。12層、18層など。ドイツで主流の量り売りの場合は仕上がりサイズのみを定めて、層の数はまちまちなことがほとんどだ。

Salzwedeler Baumkuchen
バウムクーヘン ザルツヴェーデル

ザルツヴェーデルのバウムクーヘンは、回転でできる
自然な山のある形が特徴である。そのために粉がやや多く、のびのよい、
軽めの生地を速い回転で焼き上げる。
甘いフォンダンをぬる仕上げはドイツ人も好きだ。

サイズ　120cm　2本分
[バウムクーヘンマッセ]（合計＝17270g）
バター　Butter —— 3000g
マジパンローマッセ　Marzipanrohmasse —— 840g
塩　Salz —— 15g
すりおろしたレモンの皮
　　geriebene Zitronenschale —— 15g
バニラビーンズ　Vanilleschote —— 3本
ラム（酒）　Rum —— 300g
小麦澱粉　Weizenpuder —— 1800g
卵黄　Eigelb —— 3200g
卵黄に対する砂糖　Zucker —— 900g
卵白　Eiweiß —— 4300g
卵白に対する砂糖　Zucker —— 2000g
薄力粉　Weizenmehl —— 1800g

[仕上げ]
アンズジャム…温める。
フォンダン…フォンダンに熱湯を加えて柔らかくする。

芯棒の準備
● 基本のバウムクーヘン（39ページ）参照。
● 短い芯棒で焼く場合は、芯棒が当たる熱源のみ点火、全開にする。

生地をつくる
製法…別立て法
生地の比重…0.65〜0.7
でき上がり生地温度…27℃

卵白を泡立てる
1　卵白をほぐし、砂糖を全量加えて泡立て始める。最初は高速で立てる（**1**）。
2　充分なボリュームが出たら、速度を中速に落として泡を引き締め、しっかりしたアイシュネーに泡立てる（**2**）。
＊砂糖がグラニュー糖の場合は上白糖に比べて、やや乾いた感じの軽さのあるアイシュネーになる。

バターを泡立てる
1　卵白を泡立てると同時に、バターを泡立て始める。少し柔らかくなったら、マジパンローマッセを加えて、ダマのないように混ぜる（**1**）。
2　**1**が白っぽくなったら、すりおろしたレモンの皮、塩、バニラビーンズを加える（**2**）。
3　**2**が混ざったらラム酒の全量を加える（**3**）。
4　小麦澱粉を加えて混ぜ合わせる（**4**）。
5　卵黄を少しずつ加え、よく混ぜ合わせて乳化させる。必要があれば加温して生地を温める。この段階で生地温度35℃が目安（**5**）。

生地を合わせる

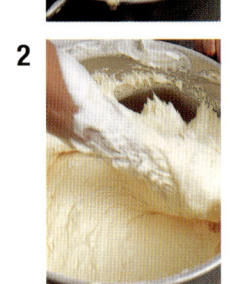

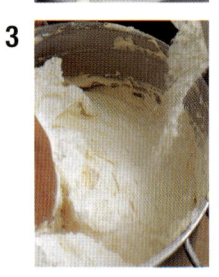

生地を合わせる

1 バター生地のボウルにアイシュネーの1/3量を加える(**1**)。

2 カードを持った手で大きく混ぜ合わせる(**2**)。

3 混ぜながら、まだアイシュネーが残るうちに小麦粉を少しずつ加える。全量混ぜ込む(**3**)。

4 アイシュネーのボウルに**3**を戻し入れる(**4a**)。気泡をつぶさないように混ぜる。多少アイシュネーが残ってもかまわない。軽く柔らかくふわふわした生地になる(**4b**)。

生地づくりのポイント

ザルツヴェーデル版の生地の配合は基本に近い。ドイツでは砂糖といえばグラニュー糖であるため、ここでもグラニュー糖を用いている。上白糖でつくる場合より、焼き色は薄くなる(上白糖はメイラード反応が出やすい)。このため味は甘み、旨みともすっきりした仕上がりになる。仕上げにフォンダンをぬって、甘さのバランスを取るとよい。

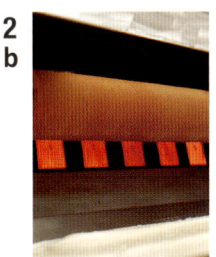

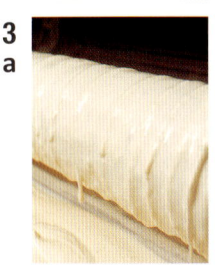

焼成

1 ヴァネに生地を注いで、ならす。

2 ゆっくりと芯棒を回転させながら生地をつける（**2a**）。1〜4層目までは低速の回転で焼き、芯棒にしっかりと生地を密着させ、気泡に注意しながら焼く（**2b**）。

3 5〜8層目。生地は**2**と同様にゆっくりした回転でつける（**3a**）。シャフトをもどしたら回転速度を上げ、遠心力を強めにかけながら熱源に当てて焼き、自然な凹凸を形づくる（**3b**）。

4 9〜10層目では生地をつける際に、山ができた部分にカードなどを使って生地をかけて山を強調する（**4a**）。焼成時も速い回転で遠心力をかけて焼く（**4b**）。

5 11〜12層目はゆっくりの回転で生地につけるだけで、生地を山に足すことはしない（あまり山を高くすると仕上げの際に折れやすくなる）（**5**）。

6 色よく焼けたら火を止め、ふたは閉めたまま、ゆっくりと回転を続けて粗熱を取る（**6**）。

仕上げ：アンズジャムをぬる

温めたアンズジャムを焼き上がったバウムクーヘンがまだ温かいうちにぬる。一晩おく。

仕上げ：フォンダンをぬる（翌日）

フォンダンに熱湯をかけて柔らかくし、いったん湯を捨てる。水を加えて、加熱しながら練る。45℃程度になったらバウムクーヘンにはけでぬる。

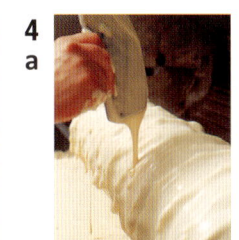

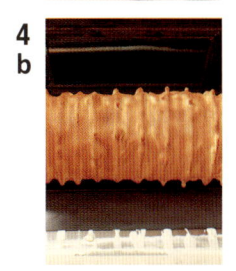

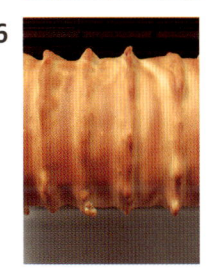

焼成のポイント

ザルツヴェーデルは大きく角を出す自然山に仕上げるのが伝統的なスタイルといわれている。
短い芯棒を使う場合は左右端の生地の生焼けに注意する（写真）。内側の層は基本のバウムクーヘン同様に、気泡ができたら竹串で空気を抜き、落下を防ぐ。

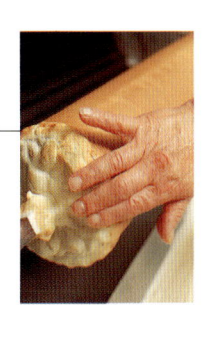

Dresdner Baumkuchen
バウムクーヘン ドレスデン

ドレスデンではさまざまなバウムクーヘンが競ってつくられた。現代ドイツではほぼつくられていないが、ミキサーが発明される前の卵生地は、共立てだったことだろう。ふんわりとカステラ風の仕上がりになる。

サイズ　120cm芯棒　2本分
［バウムクーヘンマッセ］（合計＝8745g）
全卵　Vollei —— 3000g
卵黄　Eigelb —— 600g
砂糖　Zucker —— 1500g
塩　Salz —— 10g
すりおろしたレモンの皮
　　geriebene Zitronenschale —— 10g
バニラビーンズ　Vanilleschote —— 3本
バター　Butter —— 1500g
ブランデー　Weinbrand VSOP —— 300g
小麦粉　Weizenmehl —— 600g
小麦澱粉　Weizenpuder —— 600g
アーモンドパウダー　Mandeln, gerieben —— 600g

［仕上げ］
グラズーワ…粉糖600gにアラック酒160gを加えて溶く

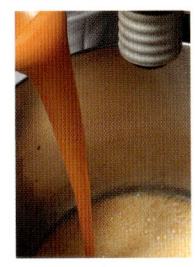

準備
● 共立ての軽い生地なのでアーモンドはマジパンではなくパウダーで用いる
● 小麦粉、小麦澱粉、アーモンドパウダーは合わせる。
● バウムクーヘンオーブンの火力を全開にし、芯棒を熱しておく。

芯棒の準備
基本のバウムクーヘン（35ページ）参照。

生地をつくる
製法…共立て法
生地の比重…0.4
でき上がり生地温度…35～37℃

1　ボウルに卵黄と全卵を合わせて溶きほぐし、湯せんにかけて42℃まで温める。温まったら、ミキシングマシンに移す（**1**）。
＊温めることで気泡性が高まる。卵は室温にもどしておくが、冬季には泡立ちにくくなるので適宜加温しながら撹拌する。
2　砂糖を加える。すりおろしたレモンの皮、塩、バニラビーンズを加える（**2**）。
3　最初は高速で混ぜる。砂糖の配分が多いため泡立ちは遅い。撹拌能力が高いツインミキサーを使うと作業性がよい（**3**）。
4　**3**がだんだん白くもったりとしたら、回転を高速から中低速に落として、粗い泡をこまかく引き締める。気泡が小さくなってくる。生地は適宜加温して50℃前後を維持する（**4**）。
5　湯せんでバターを65～70℃になるように溶かす。卵生地と合わせる時に温度が下がってしまわないようにタイミングに注意する（**5**）。
6　溶かしバターにブランデーを加える（**6**）。

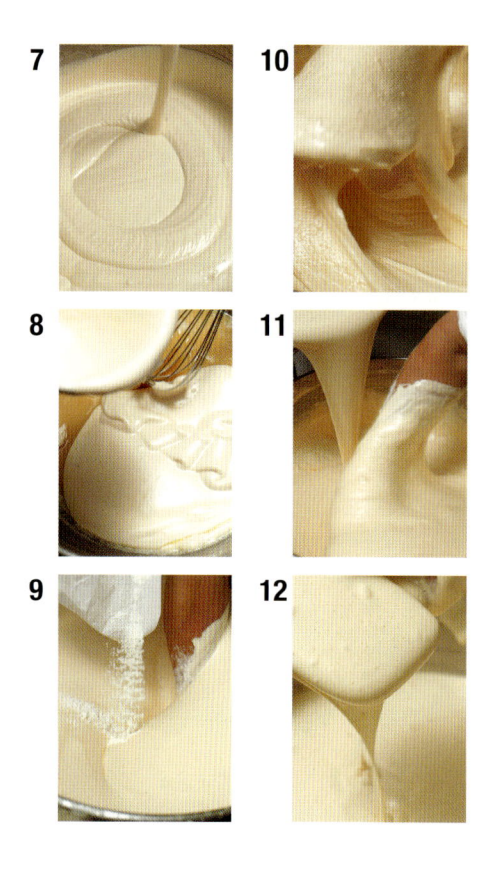

7 4の卵生地がしっかりと立った状態。気泡の細かい生地になり、ホイッパーの軌跡がリボン状に残るようになればよい(**7**)。

＊泡が粗いままだと、焼成時に気泡が多く粗い、口どけの悪い生地になる。

8 **7**の一部を**6**の溶かしバターに加えて、よく混ぜ合わせる(**8**)。量はバターを同量程度。底にバターが沈んでいる時はまだ混ざっていない。

9 **8**の生地に粉類を少しずつ、カードを持った手で混ぜながら、加えていく(**9**)。

10 底から大きくすくい上げるように、全体をよく混ぜる。この時点で小麦粉のグルテンをしっかり出すこと(**10**)。

11 よく混ぜた**10**を**7**に流し込む。バターと卵生地を同じ程度のテクスチャにすることで、なじみやすくなる(**11**)。

12 生地に艶が出て、なめらかに混ざり合った状態。生地の糊化を早めるため、生地温度は35〜37℃に仕上げる(**12**)。

生地づくりのポイント

●分離に注意
共立て生地は分離しやすい。生地がボウルの中でムラにならないように注意する。分離して底に溜まった生地は色ムラの原因になるので使わない。

●固くなりやすい
共立てだがバウムクーヘンの生地はスポンジ生地よりも生地温度が高いことに留意する。生地の温度が低いと焼成時に仕上がりが固くなる(糊化に時間がかかる)。

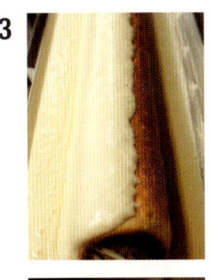

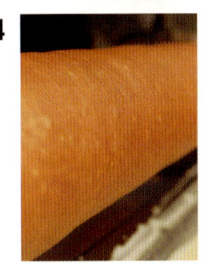

焼成

1 ヴァネに生地を注ぎ、少しおいて生地を温め、ゆるめる。混ぜたての生地をすぐにつけて焼くと気泡が強すぎて割れやすくなる(**1**)。
2 1層目の生地を低速でつけて焼く(**2a**)。焼けたら紐の部分を押さえて空気をぬき、落下を防ぐ(**2b**)。
3 2〜10層目まで、生地をつけて中速の回転で焼く。凹凸なくまっすぐな形に焼くためには、あまり回転の速度を上げない(**3**)。
4 層がふわっとした焼き上がり。ストレート形に焼く(**4**)。
5 焼き上がったら、火を止め、ふたをしたまま回転させて粗熱を取る。急に開けると縮んでしわが寄る。

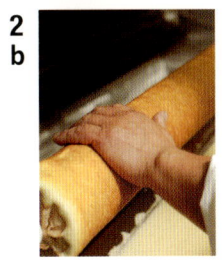

仕上げ

温かいうちに、粉糖とアラック酒を合わせたグラズーワ(糖衣)をぬる。ラックにかけて冷まし、切るのは翌日に。

焼成のポイント

● ふんわり、つるりと焼く
共立て生地は別立てよりも扱いやすいが、反面、気泡が弱いので固く焼きすぎてしまうという面がある。理想はふんわり、しっとり。表面はつるりとまっすぐでソフトな状態がよい。時間をかけすぎないことが大事だ。

Cottbuser Baumkuchen
バウムクーヘン コットブス

コットブスはバウムクーヘンの古いレシピが残っている町である。
アーモンドは粗挽き、バターと卵白、卵黄をすべて別々に泡立てるため、
少しもろく味が濃く、ニュアンスのある生地になる。
クーベルチュールをたっぷりとかけて。

サイズ 20cm 14本分（1本1000g）
[バウムクーヘンマッセ]（合計＝13918g）
卵黄　Eigelb —— 2600g
卵黄に対する砂糖　Zucker —— 500g
バター　Butter —— 3000g
バニラビーンズ　Vanilleschote —— 3本
小麦澱粉　Weizenpuder —— 1500g
すりおろしたレモンの皮
　　geriebene Zitronenschale —— 12g
卵白　Eiweiß —— 3300g
卵白に対する砂糖　Zucker —— 1500g
塩　Salz —— 10g
薄力粉　Weizenmehl —— 1200g
粗く砕いたアーモンド
　　Mandeln, grob gehackt —— 300g
シナモンパウダー　Zimtpulver —— 5g
＊薄力粉と合わせる

カルダモンパウダー　Kardamompulver —— 3g
＊薄力粉と合わせる
アラック（酒）　Alak —— 200g

[仕上げ]
クーベルチュールチョコレート —— Kuvertüre

芯棒の準備
長さ20cmの円すい芯棒を用いる。紙を巻いて卵白で止め、金属芯に通す。位置を決めて両端を絞り、紐でしばる。余分な紙は切り取る。仕上げでカムを当てる場合にはカムに位置を合わせる。

生地をつくる
製法…三つ別立て法
生地の比重…0.75〜0.78
でき上がり生地温度…28〜29℃

卵黄を泡立てる
1　卵黄に砂糖を加えて泡立てる（**1**）。
2　白っぽくもったりするまで泡立てる（**2**）。

バターを泡立てる
1　バターにバニラビーンズを加えて、白っぽくポマード状になるまで泡立てる（**1**）。
2　小麦澱粉、アラック酒を交互に加えて、混ぜ合わせる（**2**）。
3　しっかりと気泡を含んで艶のある状態になる（**3**）。

卵白を泡立てる
卵白に砂糖を全量加えて、しっかりと角の立つアイシュネーになるまで泡立てる。

卵黄を泡立てる
バターを泡立てる
卵白を泡立てる

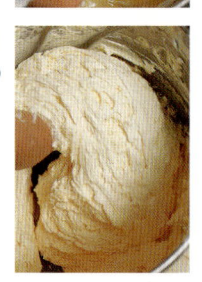

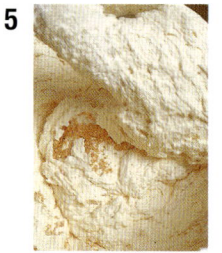

生地を合わせる

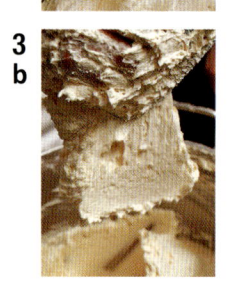

1 泡立てたバターに泡立てた卵黄を加える（**1a**）。カードを手に持ち、大きな円を描くように、よく混ぜ合わせる（**1b**）。
2 混ざり合ったらアイシュネーの一部を1に加える。乳化が止まることで、もろい食感に仕上がる（**2**）。
3 まだアイシュネーが白く残って見える**2**に、薄力粉、シナモン、カルダモンを合わせた粉を、少しずつ加える（**3a**）。全量混ぜ合わせる（**3b**）。
4 **3**をアイシュネーのボウルに戻し入れる。混ぜ合わせる（**4**）。
5 アーモンドを加え、混ぜ合わせる（**5**）。少しザラリとした生地になる。

生地づくりのポイント

●三つ別立て法（ドライケッセルマッセ）
卵黄、卵白、バターをそれぞれ泡立ててから合わせる「三つ別立て法」でつくる。ボウルは3つ使用。できればミキシングマシンが3台あるとつくりやすい。2台でつくる場合には、卵白を最後に泡立てる。卵白の泡は立てたらおいておけないためである。
三つ別立て法でつくる理由だが、バターと卵黄を別に泡立ててから手で合わせると均一には乳化されにくい。逆にそれが面白く、少しもろい食感になることから、生地に特徴が出る。
現代では手間がかかり、作業性が悪いので、ほとんどの場合はバターに卵黄を加えて乳化させる方法を用いることが多い。

●粒アーモンドを用いる
16割アーモンドをローストし、麺棒などでこまかく砕いている。アーモンドを粒で用いるのは、やや粗い食感の生地に合わせるとともに、歴史的な背景を考慮したため。コットブス風はバウムクーヘンの初期に生まれたレシピであり、生地に加えるアーモンドも粒から粉へ、粉からマジパンへと変遷したのではないかと考えられる。

●スパイスを加える
小麦粉にシナモンパウダー、カルダモンパウダーなどスパイスを合わせるのはコットブス風だけに限らない。ドイツの古いレシピではバウムクーヘンにスパイスを入れることが多く、これは高価なスパイスが菓子の価値を高めるものだったことに由来する。

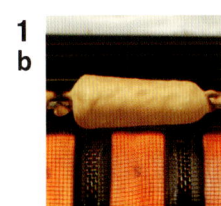

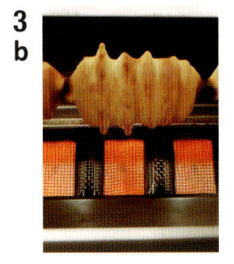

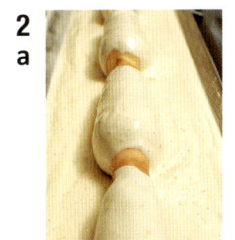

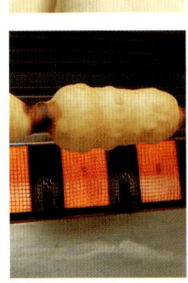

焼成

1 1〜6層まで低速で焼く。円すい形の短い芯棒に生地をかけるときは、表面だけでなく側面にも生地がのるように、やや深めに生地にくぐらせる(**1a**)。低速だが、熱源に近い位置でふっくらと色よく焼くのは基本のバウムクーヘンと同じ。ただ、アーモンド粒を用いた重い生地のため、生焼けに注意する。写真は3回目の焼成(**1b**)。

2 層を重ねるごとに芯棒の側面には生地がのりにくくなる。写真は7層目の生地づけ(**2a**)。7層目の生地をつけたら回転を速めて遠心力で自然な山をつくる(**2b**)。

3 8層目から自然な遠心力で山の出たところに生地を多めにかけ、回転を速めて山を強調する(**3a**)。12回目まで同様に焼き、色よく仕上げる(**3b**)。焼き上がったら火を止め、ふたをしたまま、低速で回転させて粗熱をとる。

仕上げ

ラックに移し、充分に冷めてから、クーベルチュールチョコレートを溶かしてバウムクーヘンにかける。

焼成のポイント

円すい形の木芯に生地をつけて、小さな自然山を形づくる。コットブス生地は重たい生地なので、芯にのる生地の量は多い。生っぽくならないように注意する。小さな自然山仕上げは1個での販売に適した形である。

Baumkuchen
Original von Meister Andoh
バウムクーヘン マイスター安藤オリジナル

基本配合より水分が多く、しっとりとしたバウムクーヘン。
表面仕上げを何もせずに焼きっぱなしのままというのは、
乾燥するドイツでは見られない。素朴で奥の深い味わいは日本人好みである。

サイズ 120cm芯棒 2本分
[バウムクーヘンマッセ]（合計＝18730g）
バター　Butter —— 3000g
マジパンローマッセ　Marzipanrohmasse —— 600g
バニラビーンズ　Vanilleschote —— 3本
すりおろしたレモンの皮
　　geriebene Zitronenschale —— 15g
生クリーム　Sahne —— 300g
卵黄　Eigelb —— 3000g
アスバッハ(酒)　Asbach —— 700g

小麦澱粉　Weizenpuder —— 1200g
卵白　Eiweiß —— 4700g
砂糖　Zucker —— 3500g
塩　Salz —— 15g
薄力粉　Weizenmehl —— 700g
アーモンドパウダー　Mandeln, gerieben —— 1000g
＊薄力粉と合わせる

芯棒の準備
基本のバウムクーヘン（39ページ）参照。

生地をつくる
製法…別立て法
生地の比重…0.68〜0.7
でき上がり生地温度…28〜29℃

卵白を泡立てる
1　卵白に塩と砂糖を加えて泡立てる(1)。
2　ボリュームが充分に出たら中速に落として泡を引き締め、しっかりと角が立つアイシュネーになるまで泡立てる(2)。

バターを泡立てる
1　卵白を泡立てると同時にバターを撹拌し、マジパンローマッセを加えて、よく混ぜる(1)。すりおろしたレモンの皮、バニラビーンズを加える。
＊マジパンが完全にバターと混ざり合うまで水分は加えない（ダマになる原因）。
＊バターが固い場合はバーナーで温める。
＊ボウルの周りに飛び散ったバターを落とし、ムラをなくす。
2　なめらかに混ざったら、生クリーム、アスバッハを加えて、混ぜ合わせる(2)。
3　小麦澱粉を少しずつ加えて、混ぜ合わせる(3)。
4　3に卵黄を少しずつ加えて、乳化させる(4)。

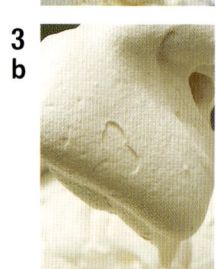

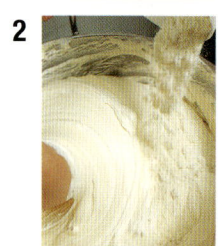

生地を合わせる

1a 1b 2 3a 3b

生地を合わせる
1　バター生地にアイシュネーの1/4量を加える(**1a**)。カードを持った手でボウルの底からすくうように混ぜる(**1b**)。
2　粉類を少しずつ加えて、混ぜる(**2**)。
3　2をアイシュネーのボウルに戻し入れる(**3a**)。泡をつぶさないように、よく混ぜ合わせる(**3b**)。

生地づくりのポイント

●卵白を泡立てる際に塩を加える

基本のつくりかたではバターに塩を加えているが、ここでは卵白に塩を加えている。これにより卵白の泡立ちが早くなり、引き締まったアイシュネーができる。これは塩には卵白のタンパク質を凝固させる作用があるためで、卵白の組成が不安定になり、泡立ちやすくなるためである。

その後に砂糖を加えて抱き込む気泡を小さく整え、泡を安定させる。基本的にドイツ菓子のアイシュネー(メレンゲ)は砂糖の全量を一気に入れることで緻密な泡を得ようとするが、塩を少量加えることで、より気泡の小さいしっかりとした泡を早くつくり、水分の多いバター生地と混ぜ合わせても分離にくくしている。

●油脂と水分の多い生地

生クリームとマジパンローマッセ、アーモンドパウダー入りのリッチな配合のうえに、酒(水分)の量が多いため、重くしっとりしているが、分離しないようにきちんと粉合わせをする。またこの生地は焼成も難しい。

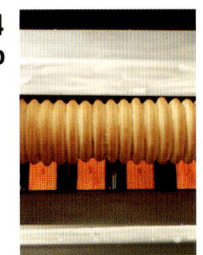

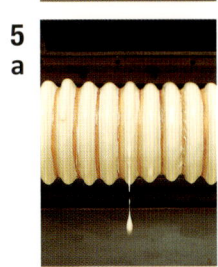

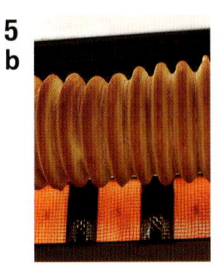

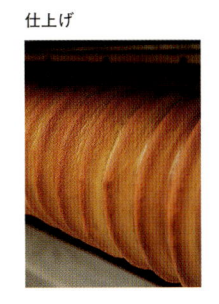

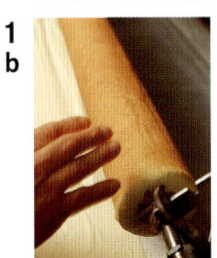

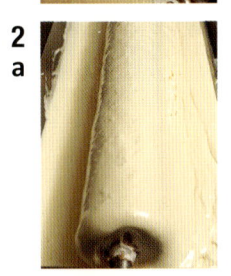

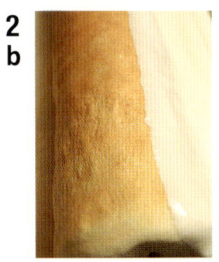

焼成

基本のバウムクーヘン同様の手順で焼く。

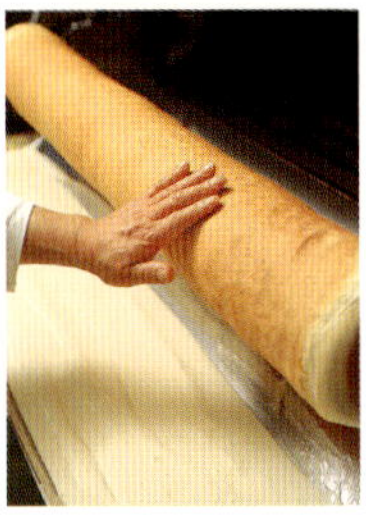

1 熱した芯棒に1回目の生地をつける。最初はゆっくりと回転させて生地をのせる(**1a**)。よい焼き色になるまで、中速回転で焼く。手で紐の位置を上から押さえて、生地と紐と紙とに密着させる。1回目は強めに焼くこと(**1b**)。

2 4層目。水分が多い生地なので、層が薄く、ボリュームが出るのは遅い(**2a**)。下は6層目(**2b**)。あせって多く生地をのせすぎると生焼けの原因になるので、ていねいに焼く。

3 11層めの焼成が終わったところ。色はやや浅いが、ふわっとした焼き上がりになればよい(**3**)。

4 12層目からカムを当てる(**4a**)。カムの谷をこがさないように注意して焼く(**4b**)。

5 カムを当てて4層分焼き重ねる(**5a**)。色よく焼き上げる(**5b**)。

仕上げ

素焼き

焼きっぱなしのまま、上掛けをしない方法。焼き色は強めにしたほうがおいしそうに仕上がる。

焼成のポイント

● **火通りと焼き色に注意**

水分が多く、小麦粉の量の少ない生地である。つまりグルテンの力が弱いため、生地ののりはよいが、火の通し加減は難しい。

色よく焼きたいが、基本の生地よりも色はつきにくい。色がつかないと思って時間をかけすぎると焼きすぎになる。難易度の高い生地である。

また、水分が多いということは、火がしっかり入っていないと、焼いた後で焼き縮みしやすい。

● **素焼き仕上げは日本人好み**

ドイツではあまり見かけない「素焼き」は、水分の多い生地を用いて、素朴でしっとりした生地を好む日本ならではの仕上げかたである。

● **カムありの素焼き仕上げ**

カムをつけた素焼き仕上げはストレートの仕上げよりも難しく、カムの谷まできれいに火が通るように、強火の遠火で回転数を調整しながら、きれいに焼き上げる。

Baumkuchen Schokolade
バウムクーヘン ショコラーデ

カカオパウダーだけでなくクーベルチュールチョコレートを生地にたっぷりと加えた重厚な味。ショコラーデというからには、チョコレートもよいものを選びたい。

サイズ　120cm芯棒　2本分
［バウムクーヘン　ショコマッセ］（合計=18330g）
バター　Butter —— 3000g
マジパンローマッセ　Marzipanrohmasse —— 900g
バニラビーンズ　Vanilleschote —— 3本
すりおろしたレモンの皮
　geriebene Zitronenschale —— 15g
ブランデー　Weinbrand VSOP —— 500g
生クリーム　Sahne —— 300g
クーベルチュールチョコレート　Kuvertüre
　—— 1000g
卵黄　Eigelb —— 2700g
小麦澱粉　Weizenpuder —— 1500g
卵白　Eiweiß —— 3600g
砂糖　Zucker —— 3000g
塩　Salz —— 15g
薄力粉　Weizenmehl —— 1500g
カカオパウダー　Kakaopulver —— 300g
＊薄力粉と合わせる

生地をつくる
製法…別立て法
生地の比重…0.78〜0.8
でき上がり生地温度…28℃

卵白を泡立てる
卵白に砂糖、塩を加えて、しっかりしたアイシュネーに泡立てる。

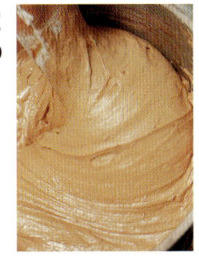

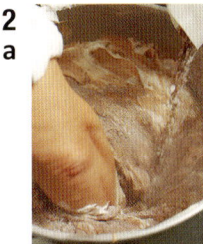

バターを泡立てる
1　バターにマジパンローマッセを加えて、よく混ぜ合わせる。すりおろしたレモンの皮、バニラビーンズを加える。ダマなく混ざるまで、水分は加えない。
2　1にブランデーVSOPを加える。さらに生クリームを加えて、混ぜ合わせる。
3　溶かして40℃に温めたクーベルチュールチョコレートを加えて、混ぜ合わせる。(3)
4　小麦澱粉を加える。艶が出て、なめらかになるまで混ぜ合わせる。
5　卵黄を少しずつ加え、乳化させる。(5)

生地を合わせる
1　バター生地に泡立ったアイシュネーの1/4量を加え、泡をつぶさないように混ぜ合わせる。(1)
2　合わせた薄力粉とカカオパウダーを少しずつ加え、混ぜる(2a)。なめらかな状態になり、艶がでるまで混ぜ合わせる(2b)。
3　なめらかになったら、アイシュネーのボウルに戻し入れ、カードを持った手で大きく底からすくうように混ぜる(3)。

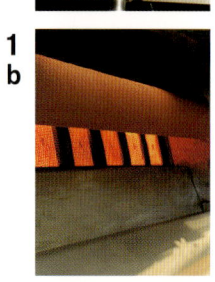

焼成

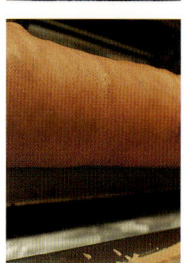

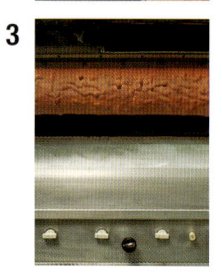

焼成

基本のバウムクーヘン同様に7〜8層程度焼き、カムを当てずストレートに仕上げる。

1 1回目に生地をつける時は芯棒に均等に生地をまとわせる(**1a**)。すぐに火元に近づけて焼く(**1b**)。

2 4回目の生地つけの様子(**2a**)。層が重なってくると同時に、シャフトの位置もやや手前にセットするが、火元から遠すぎず近すぎずの関係を保つ(**2b**)。

3 焼き上がり(**3**)。火を止め、芯棒は回転させたまま、ふたを閉めたままで粗熱を取る。いきなり開けると冷たい外気に触れてバウムクーヘンが縮む。

1a
1b
2a
2b
3

𝔄nmerkung

チョコレートがたくさん入った生地は焼き色の判断が難しい。焼き込みすぎないこと。プレーンがしっかり焼けるようになってから、ぜひ挑戦してもらいたい。焼くのは難しいが、味が濃くてうまい。

Baumkuchenspitz
バウムクーヘン シュピッツ

バウムクーヘンに甘酸っぱいアンズジャムをはさんで
ほろ苦いクーベルチュールをかける。
ひとくち食べるとほっとする、小さな菓子。

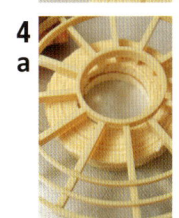

準備
グラズーワをかけた基本のバウムクーヘンを用意する。

手順
1　バウムクーヘンを厚さ1cmにスライスする。2枚1組で用意する。(**1**)。
2　1枚に温めたアンズジャムをぬり、のばす。(**2**)。
3　2枚目を重ねる。(**3**)。
4　12等分のアインタイラー(等分器)をあてて印をつけ(**4a**)、ナイフでカットする。(**4b**)。
5　テンパリングしたクーベルチュールチョコレートにくぐらせて、紙の上に並べて乾かす。(**5**)。
＊チョコレートにくぐらせる際は、あまり余分につかないように、よくチョコレートを落とすこと。

Baumkuchen Apfel

アプフェル バウムクーヘン

煮たリンゴが隠れている不思議な形のバウムクーヘン。
リンゴの自然な丸みにそって生地をきれいに焼き重ねていく。

生地
基本のバウムクーヘンと同様につくる。

リンゴのシロップ煮をつくる
リンゴは皮をむき、芯をくり抜く。砂糖とレモン果汁を加えた水を沸かし、そのシロップでリンゴを煮る。(糖度30)。

焼成の準備
1　専用の串にリンゴを差し込む。
2　熱したバウムクーヘンオーブンで火にあてて、シロップの水分を飛ばす。

焼成
1　リンゴに生地をつけて焼く。1〜2層は強火で焼く(**1a**)。1層目を焼いた後、表面を抑えて気泡をつぶし、生地をリンゴに密着させる(**1b**)。
2　3〜8層まで、回転スピードに注意を払いながら焼き重ね、球体に近づける(**2**)。注意する点は、リンゴが球体であること。バウムクーヘンオーブンの熱源は一方向なので、芯棒に近い内側の位置ほど焼けにくい。生焼けにならないように、しっかり火を入れる。
3　焼き上がり(**3**)。回転が速すぎると遠心力が働き、リンゴの中心部に線ができ、ソロバン形になってしまう。また遅すぎると、生地の跡が残りやすい。リンゴの形に沿ったきれいな丸い球ができるようにつくる。

カット
取りはずす時は、球を割ったりリンゴを切らないようにカットする。串の突起(リンゴの芯を通す部分)のすぐ脇を切るとはずしやすく、形も美しい。

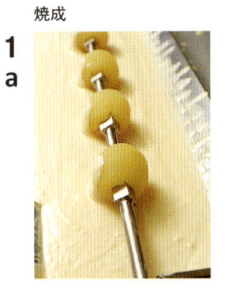

Baumkuchenrinde
バウムクーヘン リンデ

こちらもバウムクーヘンの仲間。鉄板で焼いた生地を重ねるので、
バウムクーヘンオーブンがなくてもつくることができる。
マジパン入りクレメにラム酒をたっぷりきかせる。

サイズ　40cm×60cm　6枚組
[生地]（合計＝6570g　1枚1070g×6）
バター　Butter —— 1500g
砂糖　Zucker —— 530g
すりおろしたレモンの皮
　　geriebene Zitronenschale —— 10g
塩　Salz —— 10g
バニラビーンズ　Vanilleschote —— 5本
卵黄　Eigelb —— 650g
牛乳　Milch —— 170g
小麦澱粉　Weizenpuder —— 800g
卵白　Eiweiß —— 1300g
卵白に対する砂糖　Zucker —— 800g
薄力粉　Weizenmehl —— 800g

[マジパンクレメ]（合計＝2200g　1層440g×5）
マジパンローマッセ　Marzipanrohmasse
　　—— 850g
砂糖　Zucker —— 400g
水　Wasser —— 750g
ラム（酒）　Rum —— 220g

[仕上げ]
クーベルチュールチョコレート
　Kuvertüre —— 500g
16割アーモンド　Mandeln, gehackt —— 30g

生地をつくる

生地をつくる

1　バターにすりおろしたレモンの皮、バニラビーンズ、塩を加えて撹拌する。
2　砂糖を加える。
3　小麦澱粉を加え、混ぜ合わせる。
4　卵黄を少しずつ加えて、よく乳化させる。
5　卵白に砂糖を全量加えて、しっかりとしたアイシュネーに泡立てる。
6　混ざり合った**4**に**5**のアイシュネーの1/3量を加えて、混ぜ合わせる。
7　薄力粉を**6**に加える。よく混ぜ合わせる。
8　**5**の残りのアイシュネーに**7**を戻し入れ、ふわっとしたなめらかな生地に混ぜ合わせる。（**8**）
9　オーブンシートを敷いた鉄板1枚に対して生地1070gを流す。6枚分つくる（**9a**）。表面は平らにならし、きれいに膨張させるため紙のふちにあふれそうな生地はぬぐっておく（**9b**）。
10　200℃のオーブンで下火10分間、上火10分間焼く。（**10**）

マジパンクレメをつくる

1　マジパンローマッセを小さくちぎって鍋に入れ、水を注ぐ。砂糖を加え、ホイッパーで混ぜて、煮溶かす。少し煮詰めて水分を飛ばす。(**1**)
2　煮詰まったら火を止めて、ラム酒を加え、混ぜる。(**2**)
3　やや水分を飛ばして火を止め、ボウルに移して粗熱を取る。(**3**)

組み立て

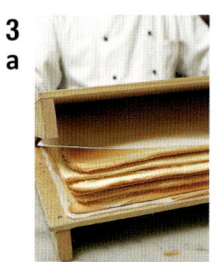

1　生地が冷めたら、1枚目の焼き面に440gのマジパンクレメをのばす。(**1**)
2　2枚目を中表に重ねる。クレメをのばし、3枚目も焼き面を下に重ねる。同様に6枚目まで重ねる。(**2**)
3　2に紙をのせ、2枚の板ではさむ。(**3a**)重しをのせて数時間おき、生地とクレメを密着させる。(**3b**)

仕上げ

1　クーベルチュールチョコレートを溶かし、重ねた生地の天面に200gをぬる。(**1**)
2　ローストした16割アーモンドを全体に散らす。
3　再度クーベルチュールチョコレートを300gぬる。表面をならす。(**3**)
4　チョコレートが固まったら、温めたナイフでポーションに切り目を入れ、カットする。(**4**)

Baumkuchenring torte
とげつきバウムクーヘンリングトルテ

1980年代に普及した新しいバウムクーヘンの形。
時のコール首相が主催した、とげつき変形バウムクーヘンで
生トルテをつくるコンテストから広まったという、意外なバリエーション。

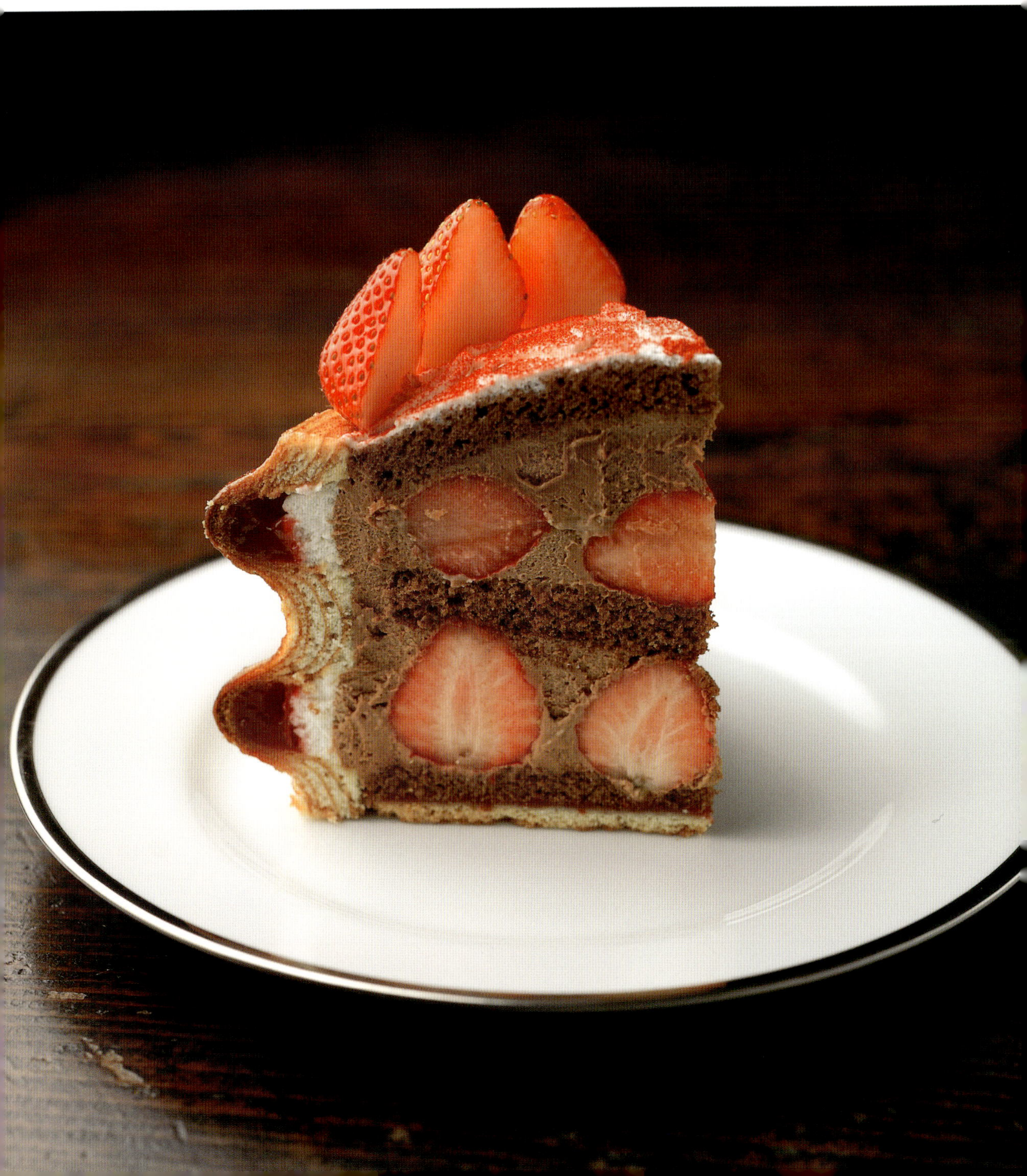

サイズ　直径110mm　1台分
[トルテ]
とげつきバウムクーヘンリング
　Baumkuchenring mit Spitzen
ミュルベタイクボーデン
　Mürbeteigboden ―― 1枚
ラズベリージャム
　Himbeerkonfitüre ―― 10g
ヴィーナーボーデン ショコラーデ(16ページ)
　―― 1cm厚さ2枚

[ショコラーデンザーネ]
*つくりやすい分量
生クリーム　Sahne ―― 1000g
砂糖　Zucker ―― 50g
クーベルチュールチョコレート
　Kuvertüre ―― 200g

[とげに入れる]
ラズベリージャム
　Himbeerkonfitüre ―― 22g
泡立てた生クリーム　Schlagsahne ―― 35g

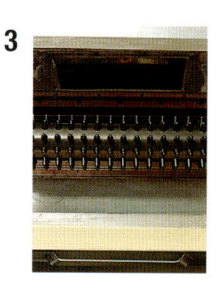

型の準備
1
2
3

とげつきバウムクーヘンの焼成
1
2

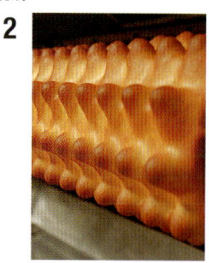

とげつきバウムクーヘンの準備

オーブン付属の長さ72cm、直径11cm、とげの高さ3cmの「カローラローラー(とげつきアタッチメント)」を使用して、バウムクーヘンを焼く。とげの部分は空洞になる。突起と平らな面との高低差があるほど焼き加減は難しく、こがさないように注意する。

1　「カローラローラー」は穴のあいた芯棒ととげつきの細い棒、留め具に分かれている(**1**)
2　穴あき芯棒の内側から、とげを1列ずつ差し込む。1周分差し込んだら、留め具で固定する。ふたを閉め、金属棒をつける。(**2**)
3　芯棒をセットした状態。金属製芯棒なので、紙などはまかず、直接生地をつける。(**3**)

とげつきバウムクーヘンの生地

基本のバウムクーヘン(38ページ)と同様。

とげつきバウムクーヘンの焼成

基本のバウムクーヘンと同様に4層を色よく焼き、火を止め、ラックにかけて一晩冷ます。

1　アタッチメントつき芯棒に生地をつける時は、凹凸によって生地ののりかたが極端に違わないようにすることがポイント。生地はしたたりやすいので、速い回転数で火元に近付け、さっと焼き固める。(**1**)
2　凹凸による焼き色の差が極端に出ないように焼く。層を多く焼こうとしないこと。厚みが増すと凹凸の差がなくなり、形が美しくない。(**2**)

組み立ての準備

とげつきバウムクーヘン
1 芯棒ごと一晩冷ましたバウムクーヘンから、アタッチメントと芯棒をはずす。(**1**)
2 芯棒をはずした状態。とげの中が空洞になっているのがわかる。(**2**)

ミュルベタイク
ミュルベタイクの生地をつくる。厚さ3mmにのばしてピケをする。直径10cmのセルクルで切り抜く。180℃のオーブンで25分間焼成する。

ヴィーナーボーデン ショコラーデ
基本通りにつくり、直径11cm厚さ1cmを2枚用意する

ショコラーデンザーネ
生クリーム1kgに砂糖50gを泡立て、溶かしたクーベルチュールチョコレート200gを混ぜ合わせる。

組み立て（1段トルテ）

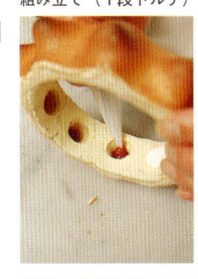

1 ミュルベタイクボーデンにラズベリージャムをぬる。同じ直径で厚さ1cmに切ったヴィーナーボーデン ショコラーデを重ねる。
2 バウムクーヘンのとげに内側からラズベリージャムをつめ、泡立てた生クリームを絞ってふたをする(**2**)。
3 1に2を重ねる(**3**)。
4 ショコラーデンザーネをとげの高さまでつめる。半分に切ったイチゴ9個を並べ、軽く押し込む。上からショコラーデンザーネをイチゴが隠れる高さまでぬる(**4**)。
5 ヴィーナーボーデン ショコラーデを重ねる。天面に泡立てた生クリームをこんもりと飾る(**5**)。
6 バウムクーヘンの側面に温めたアンズジャムをぬる(**6**)。

＊2段トルテは4を繰り返して仕上げる。

コラム　ドイツ菓子とは何か ①

ホレンディッシェ・カカオシュトゥーベ
Holländische Kakao-Stube
Ständehausstraße2, 30159 Hannover

ドイツではマイスター資格をもった職人が経営を行なう。社長のバルテルスさんも菓子職人として技術を弟子に教える。

交易都市ハノーファーに根づいたチョコレートと菓子

　北西ドイツにニーダーザクセン州がある。州都ハノーファーは地理的にはオランダやデンマーク、またイギリスとは歴史的な縁の深い交易都市である。
　新大陸で発見されたチョコレートはヨーロッパ人に刺激的なドリンクとして熱烈歓迎されたが、高価で味にクセがあるということが普及を妨げていた。19世紀にオランダのファン=ホウテン（バン=ホーテン）がカカオ豆からカカオバターを分離させる脱脂製法を編み出し、アルカリ中和によって、マイルドで飲みやすい画期的なカカオパウダーを生み出すことに成功した。同社はこのカカオパウダーをヨーロッパ各地に広めたが、ハノーファーにも1859年、「カカオプロベロカール（カカオ試飲店）」と呼ぶ店を開業する。
　「それがホレンディッシェ・カカオシュトゥーベの前身なんですよ。菓子職人だった祖父が1921年に店を買い取り、菓子店にしました。だから、この店にとってホット・チョコレートはいまでも大切な商品なのです」
　とオーナーであり、コンディトライマイスターのフリードリッヒ・バルテルス氏は語る。ドイツの菓子店はほとんどがサロンを併設。地元客は店内でケーキとお茶をとるのを一日の楽しみにしているが、ホレンディッシェ・カカオシュトゥーベでは半数以上のお客が温かい「ホレンダー・ショコラーデ」を注文する。ホレンディッシェまたはホレンダーはオランダ風という意味で、店のアイコンとなっている白地に青で少女を描いたタイルも、北欧文化の影響を感じさせる。
　一方、自家製の生トルテは、いかにもドイツ風の大きなサイズ。種類もさまざまだ。チョコレートや小さな菓子、冬にはバウムクーヘンも飛ぶように売れる。ドイツのコンディトライとして伝統的な品揃えを心がけ、時々商品を新たに入れ替えて、目を楽しませることも忘れない。地元では何世代にもわたって通うお客さまがいる。そんなふうに愛されるのは、自然な材料を使って良い品質を保つことが大事だと考え、忠実に守ってきたからだ。
　店の地下には工房があり、毎朝フレッシュな菓子を店頭に並べ、宵越しの菓子は売らないのが店の決まり。「新鮮な状態で売るから、ドイツのトルテはそんなに砂糖を入れる必要がない」という。しかし最近、法律が変わって新規の店は地下に工房をつくれなくなった。自分の店はまだよいが、ドイツ菓子らしさを守れなくなるのではないか、とバルテルスさんは少し心配している。伝統を守っていくのは簡単なことではないが、「コンディトライはワクワクする仕事なんだ。やめられないよ」ともいう。時代が変わっても、菓子の楽しみを提供してきた、この店のまじめで温かな気風はきっと変わらない。

75　　コラム　ドイツ菓子とは何か

【ホレンディッシェ・カカオシュトゥーベ】
Baumkuchen
バウムクーヘン

ドイツでは、バウムクーヘンは冬の菓子として親しまれている。
菓子店や地方により特色を競うが、小麦粉を使わず、小麦澱粉だけでつくるのが、
ホレンディッシェ・カカオシュトゥーベに代々伝わる配合。
小麦澱粉だけなので生地が繊細な食感になり、焼いた層が均等に出る。

サイズ　120cmの長さ　1本分
［バウムクーヘンマッセ］（合計 = 5323g）
バター　Butter —— 1000g
粉糖　Puderzucker —— 170g
シロップ　Zuckersirup —— 170g
すりおろしたレモンの皮
　geriebene Zitronenschale —— 13g
濃縮液体バニラ　Vanillekonzentrat, flüssig —— 7g
トンカビーンズ　Tonkabohnen —— 13g
マジパンローマッセ　Marzipanrohmasse —— 170g
卵黄　Eigelb —— 900g
生クリーム　Sahne（乳脂肪率33%）—— 100g
卵白　Eiweiß —— 1000g
砂糖　Zucker —— 670g
塩　Salz —— 10g
小麦澱粉　Weizenpuder —— 1100g

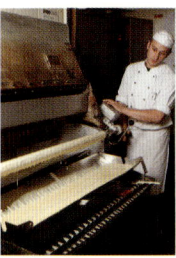

生地をつくる

バターを泡立てる

1　室温に戻して柔らかくしたバターにマジパンローマッセ、粉糖、シロップ、バニラビーンズ、トンカビーンズ、レモンの皮を加えて撹拌する（**1**）。

＊バターが冷たいようならボウルにバーナーの火を当てて適宜加温する。

2　卵黄と生クリームを合わせる。1に少しずつ加えて、混ぜ合わせる（**2**）。

卵白を泡立てる

1　ボウルに卵白、砂糖、塩を合わせて泡立てる。ボウルを傾斜させ、角度を利用して泡立てるとよい。

2　角が立ちすぎない七分立て程度に泡立て、クリーミーなアイシュネーをつくる（**2**）。

生地を合わせる

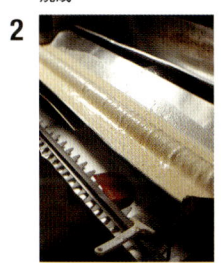

1　バター生地のボウルにアイシュネーを混ぜ合わせる。スケッパーを持った腕をボウルの底からすくい上げるように混ぜる（**1**）。

＊上下をよく混ぜて全体を均一にする。

2　小麦澱粉を加えて、粉気がなくなるまで混ぜ合わせる。

＊混ぜ合わさった生地は冷めると固まるので温度を保ち、クリーミーな状態を維持する。適温は28〜30℃。

焼成

1　バウムクーヘンオーブンを均等に温める。芯棒をセットし、数分間温めておく。

2　ヴァネに生地を流す。ゆっくりと回転する芯棒に生地をつけ、引き上げる（**2**）。

3　回転させて余分な生地をはらい、表面が均一な状態で火元へ戻す（**3**）。

4　ふたをして焼く。庫内温度は300〜400℃。

5　1層目の表面に気泡ができていないかをチェックする。できていたら、指でやさしく押しつぶす。

6　焼けた生地の上に新しい生地をつけ、余分を落としてから、また火元へ戻す。1〜2層以降は回転速度をやや上げる。繰り返す。

7　5〜6層を焼いた後にカム（櫛）を当てながら、さらに4〜6層焼く（**7**）。

8　層を重ねたらできあがり。オーブンからはずし、一晩さます（**8**）。

＊しっとりと水分を保ちながら、いい色に焼き上げることが大切である。

＊カムを当ててから4〜6層ほどで焼き上げる。段差ができるので焼くのが難しいが、ヨーロッパではカムつきに仕上げることが多い。ドイツではバウムクーヘンは量り売りが基本だから、仕上げの層の数や半径はあまり厳密にそろっていなくてもかまわない。

【ホレンディッシェ・カカオシュトゥーベ】
Sandkuchen
ザントクーヘン

サイズ　24本(1本333g)分
[ザントマッセ]（合計＝7995g）
バター　Butter──2000g
粉糖　Puderzucker──2000g
塩　Salz──15g
すりおろしたレモンの皮
　　geriebene Zitronenschale──15g
濃縮液体バニラ　Vanillekonzentrat, flüssig──15g
全卵　Vollei──1600g
卵黄　Eigelb──120g
薄力粉　Weizenmehl──1600g
小麦澱粉　Weizenpuder──600g
ベーキングパウダー　Backpulver──30g

生地をつくる
1　室温に戻したバターに粉糖、塩、すりおろしたレモンの皮、バニラビーンズを加えて混ぜ合わせる（**1**）。
2　全卵と卵黄を合わせ、**1**に1/2量を加える。
3　中速でゆっくりと撹拌する。高速にするとバターの温度が高くなってしまうため。
4　小麦粉、小麦澱粉、ベーキングパウダーを合わせた粉類と、残りの卵液を交互に加え、しっかりと混ぜ合わせて均等に乳化させる（**4a,4b**）。
5　クリーミーに混ぜ合わさった生地（**5**）。

型に流す
パウンド型に1本330gずつ生地を流す。

焼成
1　220℃のオーブンで10～15分間焼き、生地の表面に膜ができてきたら一度取り出す。生地の表面にナイフで切り目を入れ、180℃のオーブンでさらに25～30分間焼成する（**1**）。
2　中央がきれいな形に割れ、芯まで火が通り、色よく焼き上がる。

＊パウンドケーキの一種であるが、小麦粉の一部を澱粉に置き換えることで、グルテンによる生地の結合が弱まり独特の食感に焼き上がる。澱粉としてコーンスターチを使うこともできるが特有の黄色と香りがあるため、ホレンディッシェ・カカオシュトゥーベでは小麦澱粉を用いている。昔のドイツではジャガイモ澱粉を使ったこともある。

小麦粉に小麦澱粉を合わせる生地づくりは、
誰がいつはじめたのか、わかっていない。
しかし、これによって生地が軽く、
もろくなり、菓子の表情を豊かにしている。
「Sand(砂)」のように乾燥して
ほろほろした食感。

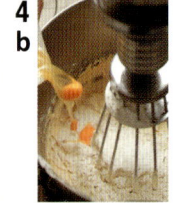

Kapitel 3

Kuchen

素朴な生地の半生菓子

Sandkuchen
ザントクーヘン

パウンドケーキよりも軽く、ほろほろと崩れる口どけ。
小麦粉の一部に小麦澱粉を使うことで生まれる独特な食感が魅力だ。
こんがりといい色に焼きあげたい。Sandとは砂の意味である。

サイズ　18cm型2台分
［ザントマッセ］（合計＝1592g　1台650g）
バター　Butter —— 500g
バニラビーンズ　Vanilleschote —— 1/2本
すりおろしたレモンの皮
　　geriebene Zitronenschale —— 1/2個分
塩　Salz —— 4g

粉糖　Puderzucker —— 500g
全卵　Vollei —— 400g
卵黄　Eigelb —— 30g
薄力粉　Weizenmehl —— 350g
小麦澱粉　Weizenpuder —— 150g
ベーキングパウダー　Backpulver —— 8g

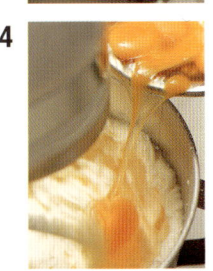

準備
● パウンド型にバターをぬり、紙を敷く。
● 薄力粉、小麦澱粉、ベーキングパウダーは合わせる。

生地をつくる
1　バターをボウルに入れ、バニラビーンズを加えて、ビーターで撹拌する（**1**）。
2　すりおろしたレモンの皮を加える。塩を加える。混ぜ合わせる。
3　白っぽくなめらかになったら、粉糖を加える（**3**）。よく混ぜ合わせる。
4　全卵と卵黄を合わせ、3に少しずつ加えて混ぜ合わせ、よく乳化させる。
5　4をミキサーからおろす。へらに替え、粉類を少しずつ加えながら、底から大きく混ぜ合わせる（**5**）。粉気が消え、艶が出てなめらかになればよい。

型に流す
1a 
1b

焼成
1a 
1b

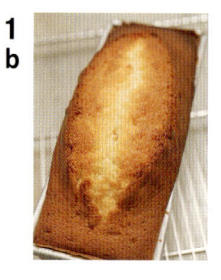

型に流す
1 型に生地を流し入れる。1台当たり650g(**1a**)。中央をならし、側面に生地をぬりつけるようにする(凹形)(**1b**)。

焼成
1 200℃のオーブンで下火で10分間焼き、表面に薄く膜が張ったら、いったん取り出して中央にナイフで切り目を入れる(**1a**)。内部の生地が膨張して上に伸びようとする力を均等に分け、きれいな分け目をつくるためである。前後を入れ替え、上火を点けて、さらに15〜20分間焼成する(**1b**)。

Margaretenkuchen
マルガレーテンクーヘン

マーガレットの花をかたどった愛らしい形が魅力。
小麦粉と小麦澱粉を用いるザントマッセの菓子。
マジパンでつくる花びらを添える。

サイズ　13.5cmマーガレット型1台分
[生地]（合計＝487g）
マジパンローマッセ
　Marzipanrohmasse —— 50g
バター　Butter —— 125g
塩　Salz —— 1g
すりおろしたレモンの皮
　geriebene Zitronenschale —— 1/4個分
バニラビーンズ　Vanilleschote —— 1/4本
卵黄　Eigelb —— 50g
卵白　Eiweiß —— 90g
砂糖　Zucker —— 70g
薄力粉　Weizenmehl —— 60g
小麦澱粉　Weizenpuder —— 40g

[型にまぶす]
ブルーゼル　Brösel —— 適量

[マジパン飾り]
マジパンローマッセ　Marzipanrohmasse —— 50g
粉糖　Puderzucker —— 50g
食用着色料（黄）　Farbstoff(gelb) —— 少量

[仕上げ]
アンズジャム　Aprikosenkonfitüre —— 60g
ラム（酒）　Rum —— 10ml
カカオバター　Kakaobutter —— 少量

準備

● マルガレーテン（マーガレット）型にバターをぬる（**1a**）。ブルーゼルをまんべんなくまぶす（**1b**）。余分なブルーゼルはのぞく（**1c**）。
● 薄力粉と小麦澱粉は合わせる。

生地をつくる

1　ボウルにマジパン、少量の柔らかいバターを入れ、へらで練り合わせる。柔らかくなったらミキサーにかける（**1**）。
2　撹拌しながら、残りのバターを2〜3回に分けて加える（**2a**）。途中で塩、すりおろしたレモンの皮、バニラビーンズを加える（**2b**）。

3 ダマなく混ぜ、卵黄を少しずつ加える（**3a**）。なめらかになるまでよく混ぜ合わせる（**3b**）。
4 別のボウルに卵白を入れ、砂糖の全量を最初から加えて、泡立てる。しっかりと密なアイシュネーをつくる。
5 **3**の卵黄生地に**4**のアイシュネーの1/3量を加え、泡をつぶさないようにさっくりと混ぜる（**5**）。
6 粉類を少しずつ加えて、合わせる（**6**）。
7 残りのアイシュネーを加え、さっくりと合わせる（**7**）。

型に流す

用意した型に生地を流す。加熱すると中心部が膨張するので、中心部は低く、ふちは高く盛っておく。

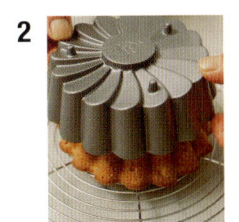

焼成

1 190℃のオーブンで約35分間焼成する。串を刺して何もついていなければ焼けている（**1**）。
2 焼き上がったら網をのせて天地を裏返し、型をかぶせたまま粗熱を取る。粗熱がとれたら型をはずし、冷ます（**2**）。

仕上げ

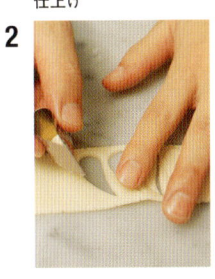

1 マジパンの飾りをつくる。マジパンローマッセに粉糖を少しずつ加えながら、白っぽくなるまで練る。黄色い生地用には食用着色料で色をつける。
2 黄色のマジパンはダイヤモンド麺棒で柄をつけてのばし、菊型で抜く。白生地は花弁の型で抜く（**2**）。
3 鍋にアンズジャム、少量の水、ラム酒を合わせてのばし、少し煮詰める。粗熱のとれたマルガレーテンクーヘン本体の表面にぬる（**3**）。
4 マジパン飾りを天面にのせる（**4a**）。湯せんで溶かしたカカオバターをマジパン飾りの表面に薄くぬり、乾燥を防ぐ（**4b**）。

Marmorkuchen
マーモアクーヘン

ドイツ語のマーモアとはマーブル、大理石模様のクーヘンである。
白生地と黒生地と呼ぶが、プレーンな生地とショコラーデ生地（ショコ生地）の
白と黒のコントラストが明快に出るようにつくる。
オーブンのなかで偶然生みだされる模様が美しい。

サイズ　18cmクグロフ型1台分
[生地]（合計＝926g）
バター　Butter ── 250g
すりおろしたレモンの皮
　geriebene Zitronenschale ── 1/4個分
塩　Salz ── 2g
バニラビーンズ　Vanilleschote ── 1/4本
粉糖　Puderzucker ── 250g
全卵　Vollei ── 200g
卵黄　Eigelb ── 30g
薄力粉　Weizenmehl ── 150g
小麦澱粉　Weizenpuder ── 40g
ベーキングパウダー
　Backpulver ── 4g

[ショコ生地用]上記生地150gに加える
カカオパウダー　Kakaopulver ── 10g
牛乳　Milch ── 15g

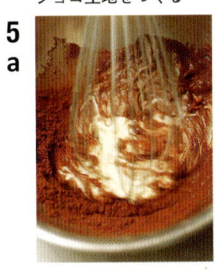

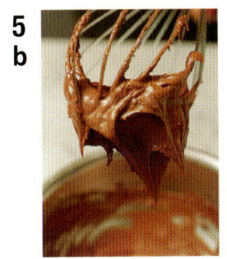

準備
- 薄力粉、小麦澱粉、ベーキングパウダーはふるって合わせる。
- 型にバターをぬる。

生地をつくる
1　バターを撹拌する。すりおろしたレモンの皮、塩、バニラビーンズを加えて混ぜる。
2　粉糖を加え、よく混ぜ合わせる。
3　全卵と卵黄を合わせ、少しずつ加えて、なめらかになるまで混ぜ合わせる。
4　へらに持ち替え、粉類を少しずつ加えながら、底からすくうような動作で、艶が出るまで混ぜ合わせる。

ショコ生地をつくる
5　4のうち150gを別のボウルにとり、そのうちの少量を、あらかじめ牛乳で溶いたカカオパウダーと混ぜ合わせる（5a/5b）。多いほうへ戻してショコ生地をつくる（6a/6b）。

型に流す
1　18cmクグログ型に白生地をひと周り流し、上にショコ生地をおく（1）。
2　ナイフで軽く混ぜ、模様を描く（2）。
3　残りの白生地を型の八分目まで流す（白生地の使用量は合わせて550g）。

焼成
200℃のオーブンで下火で10分間、上火を点けて40分間焼成する。

生地づくりのポイント

- **白生地と黒生地の割合は3対1**

味の面でもコントラストの面でも、生地量のバランスは1台の生地量800gのうち白生地550g、黒生地175gで、約3対1の割合。
カカオパウダーは水分を吸うため、そのまま加えるのでは生地が固くなってしまう。牛乳でのばし、生地の固さを白生地と同様になるように調整する。

Königskuchen
ケーニヒスクーヘン

ラム酒の香りをしみ込ませたドライフルーツを生地に混ぜ、
パウンド型に焼き上げたフルーツケーキ。ケーニヒスとは王様の意味。
軽い生地と甘いフルーツの対比を楽しむ。

サイズ　18cmパウンド型1台分
［ザントマッセ］（合計=522g）
バター　Butter——50g
砂糖　Zucker——25g
すりおろしたレモンの皮
　　geriebene Zitronenschale——1/2個分
卵黄　Eigelb——60g
卵白　Eiweiß——90g
塩　Salz——1g
卵白に対する砂糖　Zucker——75g

薄力粉　Weizenmehl——100g
サルタナレーズン　Sultaninen——50g
カレンツ　Korinthen——20g
レモンピール　Zitronat——20g…さいの目に切る
オレンジピール
　　Orangeat——20g…さいの目に切る
ラム（酒）　Rum——10ml

準備
● サルタナレーズン、カレンツをボウルに入れ、1時間ほどラム酒に浸す。
● パウンド型に合わせて敷紙を用意し、バターをぬった型に敷く。

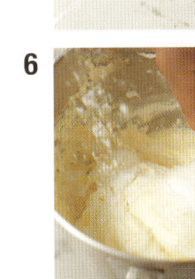

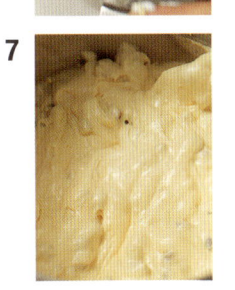

生地をつくる
1　ボウルにバターを入れ、砂糖少量を加えて、低速ですり混ぜる(**1**)。
2　卵黄、砂糖を交互に加えて、混ぜ合わせる(**2**)。途中、すりおろしたレモンの皮を加える。
3　別のボウルでアイシュネーをつくる。ボウルに卵白を入れ、塩、砂糖を加えて、しっかりしたアイシュネーに泡立てる。
4　**2**の卵黄生地をミキサーからおろしてヘラに持ち替え、水分が分離しないように少量の薄力粉を先に加える(**4a**)。そこに**3**のアイシュネーの1/3量を加えて、さっくりと混ぜ合わせる(**4b**)。
5　ドライフルーツ類に配合の薄力粉の1/4量をまぶして、生地への沈み込みを防ぐ(あらかじめまぶすと粉が水分を吸いすぎるので、混ぜる直前にまぶすこと)(**5**)。
6　**4**にアイシュネーの1/3量、残りの薄力粉、残り1/3量のアイシュネーの順に少しずつ加えながら混ぜ合わせる(**6**)。
7　**6**に**5**のフルーツを加えて、ヘラで全体に混ぜ合わせる。粉っぽさは残らないようにするが、強く混ぜすぎないこと(**7**)。

型に流す
生地を用意した型の八分目まで流す。1台400g。

焼成
1　200℃のオーブンで約1時間焼成する。まず上火で10〜15分間焼き、天面に焼き色がついたら、オーブンからいったん取り出して、水でぬらしたナイフで縦に切れ目を入れる(**a**)。
2　オーブンに戻し、続けて焼く。切れ目からきれいに生地が盛り上がる。
3　焼き上がり(**b**)。粗熱が取れたら、型からはずし、紙をはがす。

Kirschkuchen

キルシュクーヘン

甘酸っぱいサワーチェリーをキルシュというが、
たっぷりのキルシュをカカオ生地で抱き込むように焼く。
ほんのりとシナモン、クローブの香りをきかせる。

サイズ　24cmリング型1台分
[トルテ台]
ミュルベタイクボーデン(20ページ) —— 1枚
アンズジャム　Aprikosenkonfitüre —— 30g
ブルーゼル　Brösel —— 30g

[生地]（合計=800g）
バター　Butter —— 135g
砂糖　Zucker —— 170g
塩　Salz —— 2g
すりおろしたレモンの皮
　　geriebene Zitronenschale —— 1/4個分
バニラビーンズ　Vanilleschote —— 1/2本
シナモンパウダー　Zimtpulver —— 1g
クローブパウダー　Nelkenpulver —— 1g
全卵　Vollei —— 225g
薄力粉　Weizenmehl —— 135g
ベーキングパウダー　Backpulver —— 2g
ココアパウダー　Kakaopulver —— 20g
ローストハーゼルヌスパウダー
　　Haselnüsse, geröstet, gerieben —— 85g

[フュルング]
サワーチェリー(缶)　Sauerkirschen —— 380g

[飾り]
粉糖…冷めたら2cm幅にふる

準備
- 缶詰のサワーチェリーは果実と果汁に分ける。果実のみを使う。
- 薄力粉、ベーキングパウダー、ココアパウダーはあわせてふるい、ローストしたハーゼルヌスパウダーを合わせる。
- ミュルベタイクを用意し、厚さ3mmにのばしてピケする。180℃で20分間焼き、冷めたら直径24cmのセルクルで切り抜く。
- 切り抜いたミュルベタイクボーデンにアンズジャムをぬり、セルクルをあて、ブルーゼルを敷きつめてトルテ台とする。

生地をつくる
1 ボウルにバターを入れ、すりおろしたレモンの皮、バニラビーンズ、塩、シナモンパウダー、クローブパウダーを加えて混ぜ始める(**1**)。
2 砂糖を加え、よくすり混ぜる(**2**)。
3 砂糖が混ざったら、全卵を少しずつ加える(**3a**)。途中、分離を防ぐため粉類のうち少量を加える(**3b**)。
4 全卵をすべて加えたら、粉類をすべて加える。艶が出るまでよく混ぜ合わせる(**4**)。

型に流す
1 用意したトルテ台のふちから1.5cm内側にキルシュの果実を並べる。1粒ずつ指で押さえ、空気を抜くとともに、位置を固定する(**1**)。
2 生地をカードなどでチェリーとセルクルの間に流す(**2**)。
3 残りの生地を上の層に流し、セルクルの高さより1cm低い位置まで入れて、平らにならす(**3**)。

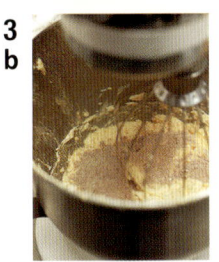

焼成
1 200℃のオーブンで50分間焼成する。
2 焼き上がり。粗熱が取れたら型からはずす。

仕上げ
冷めたら、中心に直径18cmの円形板をのせ、粉糖をふる。

Mohntorte
モーントルテ

ケシの実を混ぜ合わせた生地が、黒々とした断面を見せる。
ぷちぷちとした実の独特の食感が面白い。
モーントルテは現在のポーランドから伝わったと言われている。

サイズ　24cmリング型1台分
[生地]（合計=861g）
バター　Butter —— 135g
バターに対する粉糖　Puderzucker —— 40g
すりおろしたレモンの皮
　　geriebene Zitronenschale —— 1/2個分
ラム（酒）　Rum —— 20ml
卵黄　Eigelb —— 110g
卵白　Eiweiß —— 160g
塩　Salz —— 1g
卵白に対する粉糖　Puderzucker —— 140g
ブルーポピーシード（ケシの実）
　　gemahlener Mohn —— 180g
＊ローストして挽く
薄力粉　Weizenmehl —— 45g
小麦澱粉　Weizenpuder —— 30g

準備

- 24cmリング型の内側にバター（分量外）をぬる。オーブンシートで底をつくり、型とする。
- 薄力粉と小麦澱粉は合わせる。
- ブルーポピーシードはローストしてあらかじめ挽く（**a**）。

生地をつくる

1 ボウルにバターを入れ、粉糖を加えて、すり混ぜる。
2 すりおろしたレモンの皮、ラム酒を加える。
3 卵黄を少しずつ加えて、中高速で撹拌する（**3**）。
4 別のボウルに卵白を入れて、塩、粉糖を加え、高速でしっかりとしたアイシュネーに泡立てる（**4**）。
5 **3**に**4**のアイシュネーの1/3量を加えて、さっくりと混ぜる（**5**）。
6 **5**に粉類の1/2量、残りのアイシュネー、残りの粉類の順に加えて混ぜ合わせる（**6**）。
7 **6**に挽いたブルーポピーシードを加える（**7a**）。ムラなく混ぜ合わせる（**7b**）。

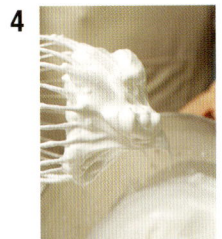

型に流す

用意した型に生地を流す。表面を平らにならす。

焼成

190℃のオーブンで40分間焼成する。

仕上げ

粗熱が取れたら型からはずし、10等分のアインタイラー（等分器）をのせて粉糖を上からふる。

生地を味わう半生菓子

Aprikosenkuchen
アプリコーゼンクーヘン

アンズはドイツ人の好きなくだもののひとつだ。
アーモンド入りのマッセと甘酸っぱいアンズは味の組合せもいい。
ブレヒクーヘンの定番。

サイズ　45cm×30cm1枚分　20個取り
[生地]
ミュルベタイクボーデン（20ページ）——1枚750g

[ブターマッセ]（合計＝1701g）
マジパンローマッセ　Marzipanrohmasse——150g
バター　Butter——350g
砂糖　Zucker——350g
塩　Salz——2g
すりおろしたレモンの皮
　geriebene Zitronenschale——1/4個分
バニラビーンズ　Vanilleschote——1/2本
全卵　Vollei——390g

薄力粉　Weizenmehl——450g
＊ふるう
ベーキングパウダー　Backpulver——9g
＊小麦粉と合わせてふるう

[トッピング]
アンズ（シロップ漬け）　Aprikosen——850g
＊水気を切る
アーモンドスライス
　Mandeln, gehobelt——50g
アンズジャム　Aprikosenkonfitüre——120g

準備

- ミュルベタイクをつくり、厚さ5mm、使用する枠の大きさ以上にのばして、パイローラーでピケする。
- オーブンシートを敷いた鉄板に敷き、180℃のオーブンで空焼きする。粗熱が取れたら枠を当てて余分を切り取る（a）。

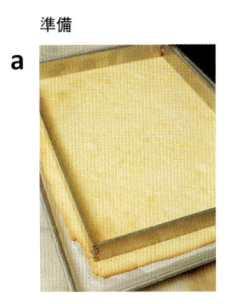

ブッターマッセをつくる

1　ボウルにマジパンローマッセを入れ、少量のバターを加えて、すり混ぜる（1）。
2　ある程度混ざったら、残りのバターも加え、混ぜ合わせる。
3　砂糖を加えて、混ぜ合わせる。
4　すりおろしたレモンの皮、塩、バニラビーンズを加える。（4）
5　白くもったりしてきたら、全卵を少しずつ加える（5）。
6　混ざったら、薄力粉を少しずつ加える（6a）。なめらかになるまで混ぜ合わせる（6b）。

組み立て

1　ミュルベタイクボーデンの上にブッターマッセを広げる。均一に厚く（1cm）ぬり広げる（1）。
2　水気を切ったアンズをすき間なく並べる（2）。アーモンドスライスを散らす。

焼成

180℃のオーブンで50分間焼成する。

仕上げ

1　焼き上がったらすぐに、温めたアンズジャムをぬる（1）。
2　粗熱がとれたら、枠をはずし、10×6cm角に切り分ける。

Anmerkung

鉄板いっぱいに生地を敷き込んで、クレメとフルーツを並べた焼きっぱなしケーキをBlechkuchenブレヒクーヘンという。土台となる生地はミュルベタイクまたはヘーフェタイク。ドイツ各地で見られるふだんのおやつ的な存在だ。

Mohnkuchen
モーンクーヘン

黒ケシのフュルングを生地にのばして焼くモーンクーヘンは、
ボヘミアから伝わったという話がある。
モーンには少しシナモンを加えると香りの奥行きが生まれる。

サイズ　45cm×30cm1枚分　20個取り
[トルテ台]
ミュルベタイクボーデン（20ページ）——1枚750g
アンズジャム　Aprikosenkonfitüre——70g
シュトロイゼル（27ページ）——800g

[モーンマッセ]（合計=1553g）
牛乳　Milch——250g
砂糖　Zucker——300g
バター　Butter——150g
バニラビーンズ　Vanilleschote——1/2本

塩　Salz——2g
ブルーポピーシード（ケシの実）
　gemahlener Mohn——500g
＊ローストして挽く
サルタナレーズン　Sultaninen——100g
シナモンパウダー　Zimtpulver——3g
ブルーゼル　Brösel——100g
すりおろしたレモンの皮
　geriebene Zitronenschale——1/2個分
全卵　Vollei——150g

準備

- ミュルベタイクをつくり、厚さ5mm、使用する枠の大きさ以上にのばして、パイローラーでピケする。
- オーブンシートを敷いた鉄板に敷き、180℃のオーブンで空焼きする。粗熱が取れたら枠を当てて余分を切り取り、アンズジャムをぬる（**a**）。

モーンマッセをつくる

1 鍋に牛乳、バニラビーンズ、砂糖、バター、塩を合わせる（**1a**）。混ぜながら加熱して沸騰させる（**1b**）。

2 火からおろし、ボウルに入れ、レーズン、挽いたブルーポピーシードを加える（**2a**）。ブルーゼル、すりおろしたレモンの皮を合わせて、混ぜる（**2b**）。

3 全卵を溶き、2に少しずつ加えながら、混ぜる（**3**）。

組み立て

1 用意したミュルベタイクボーデンにモーンマッセをぬり広げ、均一にならす（**1**）。

2 上からシュトロイゼルを均一にふりかける（**2**）。

焼成

1 190℃の下火で30分間、さらに上火をつけて15分間焼成する。

2 焼き上がり（**2**）。粗熱が取れたら、鉄板からはずし、ポーションに切り分ける。

生地を味わう半生菓子

コラム　ドイツ菓子とは何か ②

カフェ・ジーフェルト
Cafe Siefert
Braunstrasse 17 D-64720 Michelstadt

生まれ育った店を継ぐことはドイツではめずらしくない。ジーフェルトさんも幼い時から実家の菓子に囲まれて育った。

小さな田舎町ミヒェルシュタット
ドイツ菓子のおいしさは自然の恵みから

大都市フランクフルト・アム・マインと同じヘッセン州にありながら、対照的にのどかな風景を見せるミヒェルシュタットは、州内でもっとも人口の少ないオーデンヴァルト郡の中では一番大きな町である。歴史は古く、美しい木組み建造物やクリスマス市は観光資源となっている。しかし、この小さな田舎の町のコンディトライから、菓子界の世界チャンピオンが生まれている。「カフェ・ジーフェルト」のベルント・ジーフェルトさんだ。生家は250年続く歴史あるコンディトライで、彼はその四代目に当たる。

国内外で活躍する彼にとって、ドイツ菓子とは何かと尋ねると「伝統的なドイツ菓子は、自然の恵みであるくだものを使います。クリスマスの時季にイチゴがないのは、当たり前のことでした。トルテが大きくて軽いことや、冷蔵技術の発達で生クリームがいち早く使えるようになったのもドイツの特徴ですね」。他にもブタークレメや生地を何層も重ねることや、ブルーゼルを使うこと、あれにこれに……特徴はいくつもある。しかしドイツ菓子らしさについて、皆は多くを語らない。第二次世界大戦の後、ドイツ人はドイツらしさについて考えることを一時停止したままだ。声高に賛美することが、あの苦い記憶を思い出させるからだという。

「それに、昔はフランスも同じような菓子だったし、ドイツのモダンな菓子はフランス菓子のようでもある」。国境を意識することに、どれほどの意味があるのか。世界の中で個性を出せばいい。流行によって味も変われば、形も変わる。そう感じている。

ミヒェルシュタットは世界を飛び回る彼の仕事に反して、小宇宙のように変わらず穏やかだ。地元客がおやつを食べて、サロンでおしゃべり。求められる菓子も昔ながらのドイツのトルテとクーヘンだ。カフェ・ジーフェルトのアプフェル・クーヘンは、リンゴを刻んでたっぷり入れる、甘酸っぱくておいしいトルテ。ドイツらしく大型だ。祖父が考えた配合をいまでも守っている。「ウィルヘルムお祖父ちゃんのリンゴのクーヘンは、フランスにもイタリアにもありません。この町のこの店のオリジナルな菓子です」。それはジーフェルトさんにとって、とても価値のあることだ。いまでは自宅の庭でとれたリンゴでクーヘンをつくることもある。ハーブや花も庭にたくさん植えている。「若い頃は奇抜な味の組合せに挑戦ばかりしていたけれど、いまは帰る場所を知っている。流行も大事だけど、伝統や家は僕にとって戻るべき場所なのです」。

自然の恵みと穏やかな時間から菓子を生み出す。伝統を通じて個性を表現する時代へと、ドイツ菓子は少しずつ変わりつつある。

コラム ドイツ菓子とは何か

【カフェ・ジーフェルト】
Apfelkuchen
アプフェルクーヘン

刻んだリンゴをたっぷり詰めたトルテ。
アーモンドがカリッと香ばしいロストマッセをのせることで、
蜂蜜とバターがリンゴにしみ込んで、おいしさに深みが出る。
酸味としっかりした食感があるリンゴを選ぶ。

サイズ　28cmトルテ型1台分
[ミュルベタイクボーデン]（合計＝601g）
バター　Butter──200g
砂糖　Zucker──100g
卵黄　Eigelb──1個分
すりおろしたレモンの皮
　　geriebene Zitronenschale──1/2個分
バニラビーンズ　Vanilleschote──1/2本
塩　Salz──1g
小麦粉　Weizenmehl──300g

[フュルング]（合計＝1555g）
リンゴ　Äpfel──1000g
レモン果汁　Zitronensaft
すりおろしたレモンの皮　geriebene Zitronenschale
アンズジャム　Aprikosenkonfitüre──200g
ラム（酒）　Rum──20ml
ブルーゼル　Brösel──200g
バニラプディングパウダー　Vanillepuddingpulver
　　──35g
バニラビーンズ　Vanilleschote──1本

[ロストマッセ]（合計＝300g）
バター　Butter──110g
ハチミツ　Honig──30g
生クリーム　Sahne──40g
アーモンドスライス　Mandeln, gehobelt──120g

ミュルベタイクをつくる

1 基本的な1-2-3ミュルベタイクのつくりかたで生地をつくり、一晩休ませる。
2 ミュルベタイクに打ち粉をふって3mmの厚さにのばし、型の高さに合わせて側面分を切る。底用の生地もサイズに合わせて円形に切り抜く。
3 底用の生地を型に合わせ、ナイフなどでピケする。
4 150℃のオーブンで20分間、空焼きをする。

フュルングをつくる

1 リンゴは皮をむき、種と芯をのぞいて実を細かく刻む。レモン果汁とレモン皮をかける。
2 アンズジャムを柔らかく混ぜたところに、ラム酒を加える。
3 2に1のリンゴを合わせる。砂糖、バニラプディングパウダーを加える(**3**)。
4 バニラビーンズを加えて、よく混ぜ合わせる(**4**)。

組み立て

1 底用のミュルベタイクが冷めたら、側面にも生地を巻く。底と側面の間はよく密着させること(**1**)。
2 ブルーゼルを敷きつめる(フュルングの水分を受け止めるため)。
3 2の型にフュルングを入れ、型の高さよりやや低いところまで均等につめる(**3**)。
＊この上にロストマッセを重ねるので、やや高さをあけておく。

ロストマッセをつくる

1 鍋に生クリーム、バター、蜂蜜、砂糖を合わせて、混ぜながら108℃まで熱する。
2 1が温度に達したら、火からおろし、スライスアーモンドを加えて混ぜ合わせる(**2**)。
3 オーブンシートの上にロストマッセを出し、円形に広げる。トルテと同じ大きさにする(**3**)。
4 やや冷めたら、麺棒でのばし、型のサイズに切りぬいてトルテに重ねる。スケッパーなどで12等分の切り目を入れる(**4**)。

焼成

180℃のオーブンで1時間焼く。フュルングが柔らかいため、焼き上がって型からはずす時は充分に冷めてからはずすこと。

Anmerkung

ドイツでは「ボストック」などの品種を用いる。日本のリンゴでは紅玉系など酸味のあるものが焼き菓子に向く。

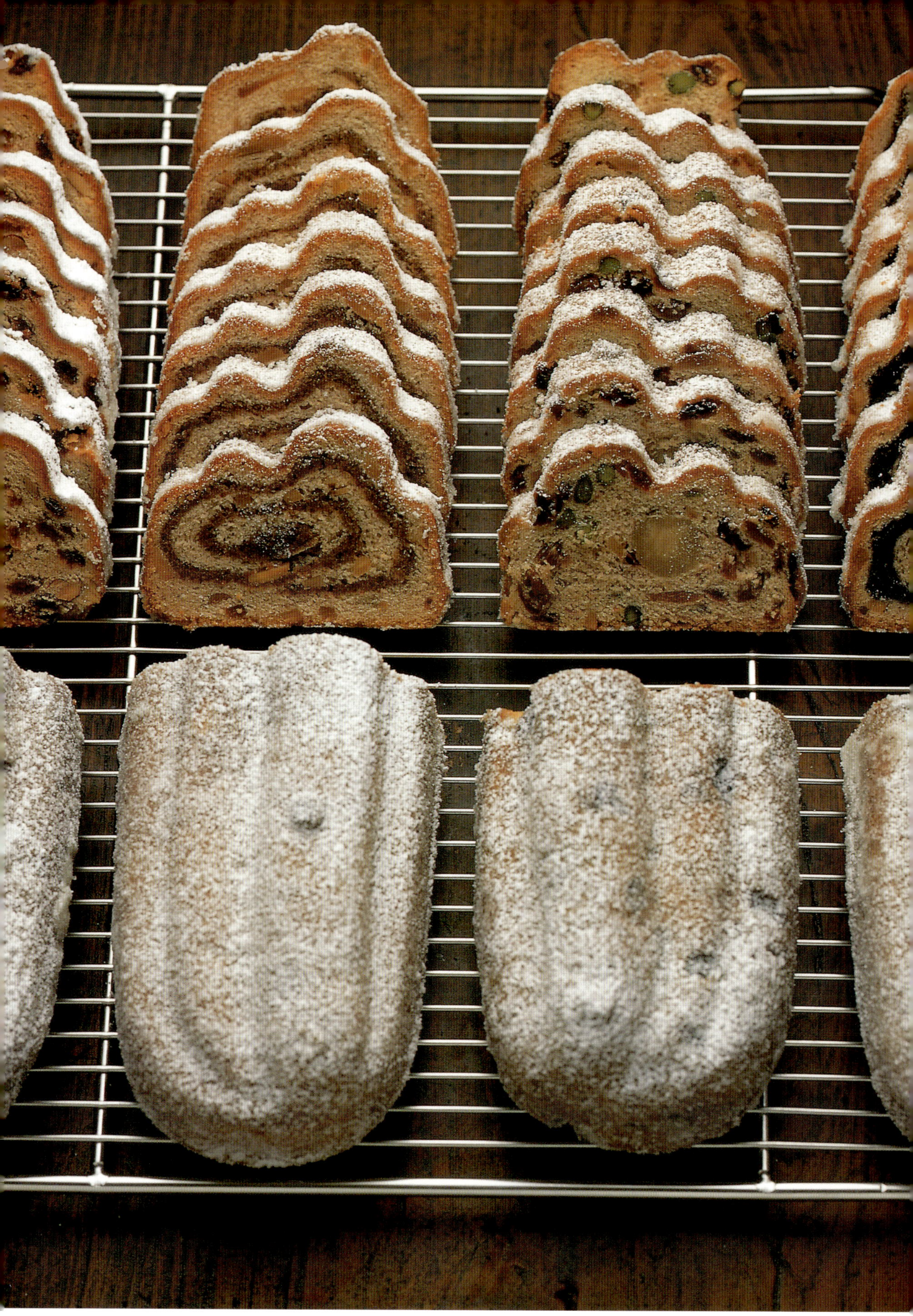

Kapitel 4

Hefeteig

発酵生地の菓子

Butterkuchen
ブッタークーヘン

ブッタークーヘンは粉糖を加えた
バターを生地にトッピングする簡素な菓子。
それだけに、生地がうまいかどうか、が重要である。

サイズ　53cm×37cm鉄板1枚分　20個取り
[生地]
ヘーフェタイク（23ページ）——1180g

[バニレクレメ]
ブレヒクーヘン用のバニレクレメ
　（28ページ）——300g

[トッピング]
バター　Butter——300g
塩　Salz——3g
粉糖　Puderzucker——50g
バニラビーンズ　Vanilleschote——1/4本

[トッピング]
砂糖　Zucker——100g
アーモンドスライス　Mandeln, gehobelt——150g
あられ糖　Hagelzucker——30g

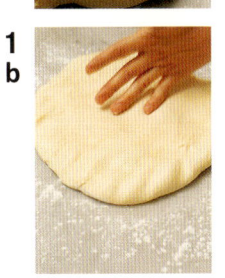

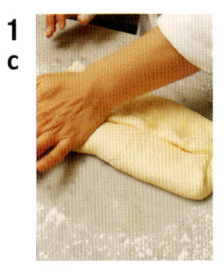

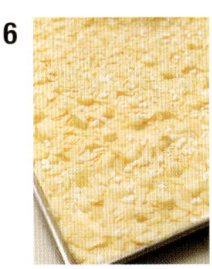

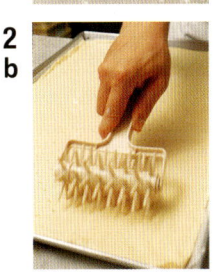

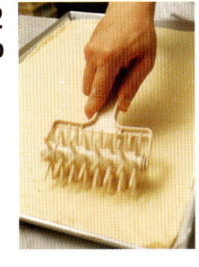

ヘーフェタイク
フォアタイク法でつくる基本のヘーフェタイクを用意する。

バニレクレメ
バニレクレメは、冷えて固まった状態だったらビーターで立てて、ぬりやすい固さにする。

トッピング用バター
ポマード状に撹拌したバターに塩、バニラビーンズ、粉糖を加えて混ぜる。

組み立て
1 ヘーフェタイクの生地玉を用意し、打ち粉をした台の上へおく(**1a**)。手のひらで押して発酵ガスを抜く(パンチング)(**1b**)。三ツ折する(**1c**)。
2 麺棒で鉄板の大きさまでのばす(厚さ6mm)(**2a**)。オーブンシートを敷いた鉄板に敷き込んで、余分は切り取る。パイローラーでピケする(**2b**)。
3 鉄板に敷き込んだヘーフェタイクの上に、バニレクレメをぬり広げる。角まできちんとぬる(**3**)。
4 バニレクレメの表面に、指で均等にくぼみをつける(**4**)。
5 トッピング用に撹拌したバターを8番丸型口金をつけた絞り出し袋に入れ、**4**でくぼませた箇所に絞り出す(**5**)。
6 砂糖、アーモンドスライス、あられ糖を全体にふる(**6**)。

焼成
1 鉄板は2枚重ねて底を厚くし、底がこげないようにする。200℃のオーブン上火で20〜30分間焼成する。
2 焼き上がり(**a**)。粗熱がとれたら、四端を切り落とす。ポーションに切る。

発酵生地の菓子

Streuselkuchen
シュトロイゼルクーヘン

サイズ 53cm×37cm鉄板1枚分 20個取り
[材料]
ヘーフェタイク(23ページ) ──1180g
ブレヒクーヘン用のバニレクレメ(28ページ)
　──300g
シュトロイゼル(27ページ) ──900g

ヘーフェタイク
フォアタイク法でつくる基本のヘーフェタイクを用意する。

シュトロイゼル
基本のシュトロイゼルを用意する。

バニレクレメ
バニレクレメは、冷えて固まった状態だったらビーターで立てて、ぬりやすい固さにする。

心をほっと癒してくれるような
味わい深い菓子。
生地とシュトロイゼルという
素朴な配合だが、
多くのドイツ人にとって
なじみのある
ブレヒクーヘン。

組み立て
1　ヘーフェタイクの生地玉を打ち粉をした台の上でパンチングして発酵ガスを抜き、三ツ折する。
2　麺棒で鉄板の大きさまでのばす(厚さ6mm)。鉄板に敷き込んで、余分は切り取る。パイローラーでピケする。
3　鉄板に敷き込んだヘーフェタイクの上に、バニレクレメをぬり広げる。角まできちんとぬる(3)。
4　シュトロイゼルを敷き詰める。10分間そのままおき、発酵させる(4)。

焼成
1　200℃のオーブン上火で20分間焼く。
2　焼き上がり(a)。粗熱がとれたら、四端を切り落とし、ポーションに切る。仕上げとして溶かしバターをランダムにふりかけるとおいしい。

Anmerkung
ドイツでは葬儀の際に出されることも多く、シュトロイゼルクーヘンといえば「お葬式のお菓子」として人々の心に記憶されている。悲しみの日にも菓子が役立つ場面がある。

Bienenstich

ビーネンシュティッヒ

黄金色に焼いたアーモンドが香ばしいロストマッセと、
バニレクレメに似た、
ふんわり柔らかいクレメの組合せ。

サイズ　45×30cm1枚分　12個取り
［生地］
ヘーフェタイク（23ページ）——700g

［ロストマッセ］（合計＝950g）
生クリーム　Sahne——75g
砂糖　Zucker——250g
蜂蜜　Honig——75g
バター　Butter——250g
アーモンドスライス　Mandeln, gehobelt——300g

［クレメ］（合計＝2220g）
牛乳　Milch——1500g
砂糖　Zucker——80g
卵黄　Eigelb——160g
小麦澱粉　Weizenpuder——170g
バニラビーンズ　Vanilleschote——1本
卵白　Eiweiß——230g
砂糖　Zucker——180g

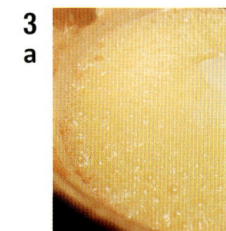

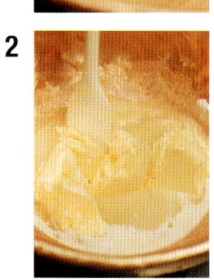

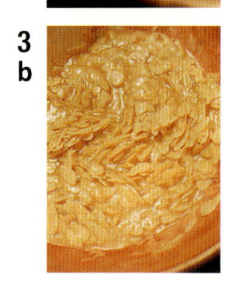

ロストマッセをつくる

ヘーフェタイク
フォアタイク法でつくる基本のヘーフェタイクを用意する。

ロストマッセをつくる
1　鍋に生クリーム、砂糖、蜂蜜を合わせて火にかける(**1**)。
2　1にバターを加えて、混ぜ合わせる(**2**)。
3　沸騰させ、112℃になったら火を止める(**3a**)。アーモンドスライスを加えて混ぜ合わせる(**3b**)。
4　別の容器に移し、粗熱を取る。

組み立て
1　ヘーフェタイクは生地玉にまとめ、1時間ほど発酵させる。打ち粉をした台の上でパンチングして空気を抜く。
2　麺棒で厚さ6mm程度にのばし、バターをぬった鉄板に敷き込んで、枠を置く(ロストマッセがしみ出さないように、ピケはしない)。
3　ロストマッセを全面にむらなくぬる(**3**)。

焼成
200℃のオーブンで30分間焼成する。粗熱をとって、冷ます。

カット
1　焼き上がった生地の側面からナイフを入れる(**1**)。
2　固まった上面のロストマッセを切り離す(**2**)。
3　下面は再び枠にセットする(**3**)。
4　上面は温かいうちに仕上がりサイズにカットする(**4**)。冷めると固くなり、きれいに切れない。

Anmerkung
ビーネン(蜂)とシュティッヒ(一刺し)という名前は、蜂蜜とアーモンドのコーティング、つまりロストマッセに由来する。18世紀の中ごろ、ライプチッヒの喫茶店から生まれたという。マンデルシュニッテン、またはフロレンティーナーシュニッテンと呼ばれるものは、クレメをはさまない。

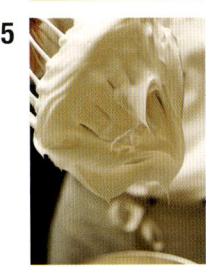

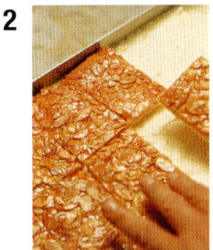

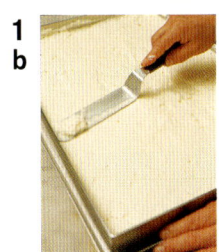

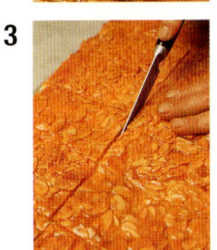

クレメをつくる

1 鍋に牛乳、バニラビーンズ、砂糖の1/2量を入れ、混ぜながら加熱する。
2 別のボウルに卵黄をほぐし、砂糖の残り1/2量を加えて、混ぜる。**1**の1/3量を注いで混ぜる。
3 **2**に小麦澱粉を加えて、混ぜる。**1**に戻す。
4 **3**を混ぜながら加熱する。艶が出てクレメがふっとゆるんだら火が通った合図(**4**)。
5 別のボウルに卵白を入れ、砂糖を加えて泡立てる。角がピンと立つ九分立てのアイシュネーをつくる(**5**)。
6 熱い**4**に**5**のアイシュネーを混ぜ合わせる。多少アイシュネーが残ってもよいので、泡をつぶしすぎないようにする(**6**)。

仕上げ

1 枠にセットした生地にまだ熱いクレメをぬり広げる(**1a**)。冷めると固まってくるので、すばやく均一にならす(**1b**)。
2 カットした上面(ロストマッセ)の生地を並べる(**2**)。
3 上面に合わせてナイフを入れ、土台もカットする(**3**)。

焼成のポイント

●ロストマッセを平らに焼くには
ロストマッセをぬったヘーフェタイクを焼く際に、表面のロストマッセが色づいてきたころ、いったんオーブンから出して、ナイフで数箇所刺す。熱された空気の通り道をつくるためで、膨張によってロストマッセが波打ったりはがれたりするのを防ぐ。

Dresdner Eierschecke

ドレスナー アイアーシェッケ

卵の風味を感じるブッターマッセと、
クワルクチーズのすっきりした酸味が爽やかなシェッケマッセを
美しい層に焼き上げるドレスデン銘菓。

サイズ　45cm×30cm1枚分　12個取り
［生地］
ヘーフェタイク（23ページ）——700g

［アイアーシェッケ用バニレクレメ］（合計＝1350g）
牛乳　Milch——1000g
砂糖　Zucker——180g
小麦澱粉　Weizenpuder——90g
卵黄　Eigelb——80g
バニラビーンズ　Vanilleschote——1/2本

［シェッケマッセ］（合計＝1223g）
クワルクチーズ　Quark——600g
バター　Butter——120g
すりおろしたレモンの皮
　geriebene Zitronenschale——1/2個分
塩　Salz——3g
砂糖　Zucker——120g
小麦澱粉　Weizenpuder——20g
全卵　Vollei——60g
バニレクレメ（上記）　Vanillecreme——300g

［ブッターマッセ］（合計＝960g）
バター　Butter——360g
砂糖　Zucker——20g
バニラビーンズ　Vanilleschote——1/2本
全卵　Vollei——240g
小麦澱粉　Weizenpuder——40g
バニレクレメ（上記）　Vanillecreme——300g

ヘーフェタイク
フォアタイク法でつくる基本のヘーフェタイクを用意する。

アイアーシェッケ用バニレクレメ
手順は基本のバニレクレメ同様につくる(29ページ)。配合バランスをこの菓子に合わせて調整している。

*アイアーシェッケ用バニレクレメはバニレクレメの一種のバリエーションである。ブッターマッセとシェッケマッセとの層をきれいにつくるように、粘度のある、卵の風味を感じる配合になっている。

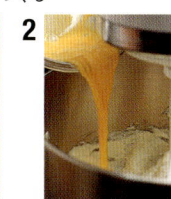

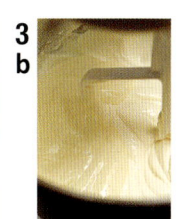

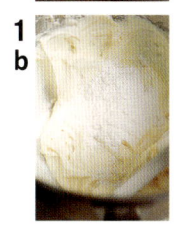

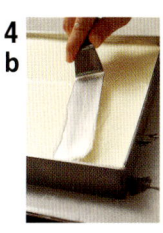

シェッケマッセをつくる
1 ボウルにクワルクチーズ、バター、すりおろしたレモンの皮、塩、砂糖を合わせる(**1a**)。小麦澱粉を加えて、混ぜる。泡立てないように低速で撹拌する(**1b**)。決して泡立てないこと。泡立てると空気を含むために焼成した時に膨張し、オーブンから出すと一気にボリュームダウンすることになる。
2 撹拌しながら、全卵を少しずつ加える(**2**)。
3 アイアーシェッケ用バニレクレメを加え、混ぜ合わせる(**3a**)。シェッケマッセのできあがり(**3b**)。

ブッターマッセをつくる
1 ポマード状に撹拌したバターに砂糖、バニラビーンズを加えて混ぜ、立てる。
2 全卵を少しずつ加えながら、混ぜ合わせる。
3 小麦澱粉を加えて混ぜ合わせる。
4 バニレクレメを加え、混ぜ合わせる。シェッケマッセより軽く柔らかい生地になる。

組み立て
1 ヘーフェタイクの生地玉を打ち粉をした台の上でパンチングして発酵ガスを抜き、三ツ折する。
2 麺棒で鉄板の大きさまでのばす(厚さ6mm)。オーブンシートを敷いた鉄板に敷き込んで、余分は切り取る。パイローラーでピケする(**2**)。
3 鉄板に敷き込んだヘーフェタイクの上に、シェッケマッセを厚さ1cm程度にぬり広げる(**3a/3b**)。
4 シェッケマッセの上に、ブッターマッセをぬり広げる。シェッケマッセと混ざらないように注意する。厚さは1cm程度(**4a/4b**)。

焼成
1 200℃のオーブンで、ダンパーを開き、約40分間焼成する。
2 焼き上がり(**a**)。粗熱が取れたら、枠からはずし、切り分ける。

*ダンパーを開く理由は蒸気を外に出すことでひびわれを防ぎ、平らな層をきれいにつくるため。蒸気がこもると膨張しやすくなる。

Anmerkung
仕上げには溶かしバターをぬって砂糖をふることが多い。また、店によって表面にシュトロイゼルをのせて焼いたり、レーズンを入れることもある。ドレスデン銘菓で、古くから伝わる素朴な菓子のひとつだ。

発酵生地の菓子

Kirschkäsekuchen
キルシュケーゼクーヘン

チーズクリームとサクランボはヨーロッパでは定番の組合せ。
甘酸っぱく、こくがあって、
ブレヒクーヘンの格を上げるうまさ。

サイズ 53cm×37cm鉄板1枚分 20個取り
[生地]
ヘーフェタイク（23ページ）——1180g

[クワルクマッセ]（合計=1476g）
バター Butter——180g
砂糖 Zucker——180g
塩 Salz——6g
すりおろしたレモンの皮
　geriebene Zitronenschale——1個分
小麦澱粉 Weizenpuder——90g

全卵 Vollei——120g
クワルクチーズ Quark——900g

[トッピング]
サワーチェリー（缶） Sauerkirschen——700g
シュトロイゼル Streusel——500g
粉糖…粗熱がとれたら全体にちらす

ヘーフェタイク
フォアタイク法でつくる基本のヘーフェタイクを用意する。

クワルクマッセをつくる
1　ボウルに柔らかいバターを入れ、砂糖を加えて、すり混ぜる。
2　塩、すりおろしたレモンの皮、バニラビーンズを加え、混ぜ合わせる。
3　混ざったら、全卵の1/2量を加えて、混ぜる。
4　小麦澱粉を加え、混ぜる。全卵の残り1/2量を加えて、さらに混ぜる。
5　なめらかになったら、クワルクチーズを加える(**5a**)。よく混ぜる(**5b**)。

組み立て
1　ヘーフェタイクの生地玉を打ち粉をした台の上でパンチングして空気を抜き、三ツ折する。
2　麺棒で鉄板の大きさまでのばす(厚さ6mm)。オーブンシートを敷いた鉄板に敷き込んで、余分は切り取る。パイローラーでピケする。
3　ヘーフェタイクの上にクワルクマッセをぬり広げる(**3**)。
4　水気を切ったサワーチェリーの果実を散らし、軽くクワルクマッセに押し込む(**4**)。
5　シュトロイゼルを全体に散らす(**5**)。

焼成
1　180℃のオーブンで40分間焼成する。
2　粗熱が取れたら鉄板からはずす。

仕上げ
粉糖をふる。四端は切り落とし、ポーションに切りそろえる。

Anmerkung
チーズはクワルクを使いたいが、代用するなら、酸味の強くない、柔らかい食感のフレッシュチーズで。

Apfelkuchen
アプフェルクーヘン

リンゴの季節には欠かせないブレヒクーヘン。
薄く切りそろえたリンゴを、ヘーフェタイクにびっしりと並べる。
焼いたらアンズジャムをぬり、もう一度オーブンの端へ。
ジャムをちょっとだけ乾かす。これが表面を艶よく仕上げるこつ。

サイズ　53cm×37cm鉄板1枚分　20個取り
[生地]
ヘーフェタイク(23ページ)──1180g

[トッピング]
リンゴ　Äpfel──2500g(11〜12個分)
レモン果汁　Zitronensaft──1/2個分
＊水で薄めてリンゴを浸す
ブルーゼル　Brösel──150g
ブレヒクーヘン用のバニレクレメ(28ページ)
　──250g

ラム酒に漬けたサルタナレーズン　Sultanien
　──100g
全卵　Vollei──80g
砂糖　Zucker──150g
シナモンパウダー　Zimtpulver──4g
＊砂糖と合わせる

[仕上げ]
アンズジャム　Aprikosenkonfitüre──300g

準備
リンゴは皮をむいて種をとり、均等な薄さにスライスする。レモン果汁入りの水に浸けると酸化によるリンゴの変色がをふせげるが、すぐに使う場合は浸けなくてもよい。

ヘーフェタイク
フォアタイク法でつくる基本のヘーフェタイクを用意する。

組み立て
1 ヘーフェタイクの生地玉は打ち粉をした台の上でパンチングして発酵ガスを抜き、三ツ折する。
2 麺棒で鉄板の大きさまでのばす(厚さ6mm)。オーブンシートを敷いた鉄板に敷き込んで、余分は切り取る。パイローラーでピケする(**2**)。
3 ヘーフェタイクの上にバニレクレメをぬり広げる(**3**)。
4 ブルーゼルを敷き詰める(**4**)。
5 サルタナレーズンを散らす(**5**)。
6 スライスしたリンゴをすき間なく整然とならべる(**6**)。
7 卵を溶いてリンゴの表面にぬる。シナモンを加えた砂糖をふりかける(**7**)。

焼成
180℃のオーブンで50分間焼成する。

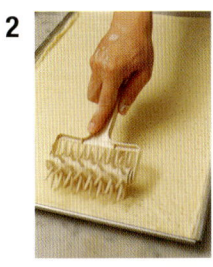

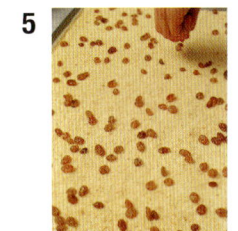

仕上げ
1 焼き上がったら、リンゴの表面にアンズジャムをぬり、オーブンの予熱で乾かす(**1**)。
2 取り出し、粗熱が取れたら鉄板をはずす。ポーションに切り分ける。

Zwetschgenkuchen
ツヴェチュケンクーヘン

ツヴェチュケンとは細身で小さな卵形をしたプルーンである。水分が多く、焼くと赤い果汁が流れ出てくるし、切り分ける時には崩れやすいが、それらを忘れてしまうぐらい、できたてはうまい。

サイズ　53×37cm鉄板1枚分　20個取り
[生地]
ヘーフェタイク（23ページ）——1180g

[トッピング]
ブレヒクーヘン用のバニレクレメ（28ページ）
　　——400g
ブルーゼル　Brösel——220g
プルーン果実（生）　Zwetschgen——2500g
＊半分に切り、種をのぞく

[飾り]
シュトロイゼル　Streusel——適量
＊オーブンで焼いたもの

ヘーフェタイク
フォアタイク法でつくる基本のヘーフェタイクを用意する。

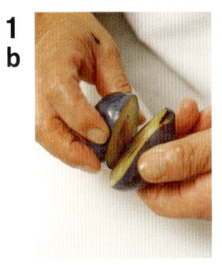

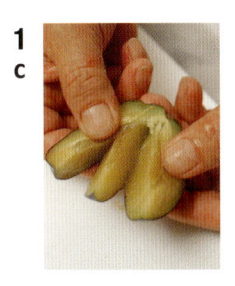

プルーンをカットする
1　プルーンは半分にカットし、種をのぞいて、2箇所に切りこみを入れる(**1b,1c**)。

組み立て
1　ヘーフェタイクの生地玉を打ち粉をした台の上でパンチングして発酵ガスを抜き、三ツ折りして、麺棒で鉄板の大きさまでのばす。厚さは5mm程度。のばす時に必要なら打ち粉をふる(**1**)。
2　あらかじめバターをぬった鉄板にのばしたヘーフェタイクをのせる。周辺部は指で押さえ、縮みを防ぐ(**2**)。プルーンは汁気が多いのでピケはしない。
3　ひと回り小さな枠をのせる。枠内のヘーフェタイクの表面に、バニレクレメをぬる(**3**)。
4　ブルーゼルをまんべんなく敷きつめ、果汁が生地にしみ込まないようにする(**4**)。
5　カットしたプルーンを並べる(**5a**)。すき間なく並べること(**5b**)。

焼成
200℃のオーブンで40分間焼く。最初の20分間は下火のみ、さらに上火を点けて20分間焼成する。焼き上がるとプルーンから果汁が流れ出てくる(**a**)。粗熱がとれてからポーションにカットする。食感のアクセントとして焼いたシュトロイゼルを飾る。

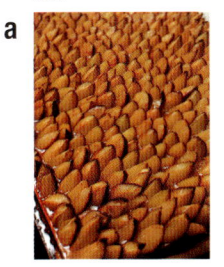

Anmerkung
南ドイツの、草原にツヴェチュケンの果樹が勝手に生えているような、自然豊かな場所の菓子であり、起源はアルゴイ地方といわれる。ドイツのツヴェチュケンは小さいが味が濃い。

Butterstollen
ブッターシュトレン

シュトレンは棒状に仕上げた、フルーツたっぷりの発酵菓子で、
焼き上げたらバターをしみさせ、白い粉糖をまぶす。
この白さと形から幼子イエスを表しているともいわれる。

サイズ　800gのシュトレン　4本分
[ヘーフェタイク]
◎フォアタイク　Vorteig（合計=550g）
牛乳　Milch——200g
イースト(生)　Hefe——100g
薄力粉　Weizenmehl——125g
強力粉　Weizenmehl——125g

◎ハウプトタイク　Hauptteig（合計=2102g）
左記のフォアタイク　Vorteig——550g
薄力粉　Weizenmehl——375g
強力粉　Weizenmehl——375g
砂糖　Zucker——120g
塩　Salz——12g
シュトレンの香辛料　Stollengewürz——10g
すりおろしたレモンの皮
　　geriebene Zitronenschale——1個分
バニラビーンズ　Vanilleschote——1本
全卵　Vollei——50g
卵黄　Eigelb——20g
バター　Butter——500g

［フルーツ］（合計＝1230g）
ラム酒漬けのサルタナレーズン　Sultaninen
　　——880g
粗く砕いたアーモンド（皮むき）
　　Mandeln, grob gehackt——200g
オレンジピール　Orangeat——75g
レモンピール　Zitronat——75g

［仕上げ］
溶かしバター　Butter, flüssig——200〜300g
バニラシュガー　Vanillezucker——適量
粉糖　Puderzucker——適量

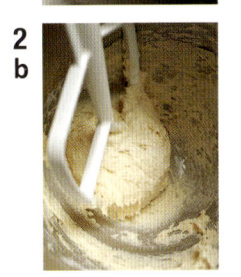

準備

- 薄力粉と強力粉を同割で合わせて使う。
- シュトレンの香辛料は自家ブレンドする。シナモン、ナツメグ、クローブ、ジンジャーパウダー、オールスパイスを同割で合わせたもの。
- 型を用いる場合、型にバターをぬる（**a**）。

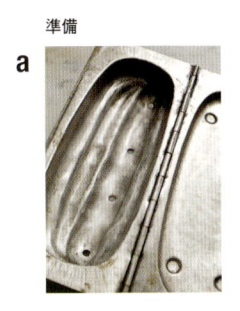

フォアタイクをつくる

1　ボウルにイーストを入れ、38℃に温めた牛乳を注いで混ぜる（**1**）。
2　フォアタイク分の小麦粉を加える（**2a**）。軽く混ぜる。これをフォアタイクとする（**2b**）。すぐにハウプトタイクの手順1へ。

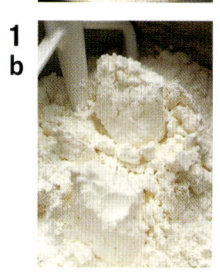

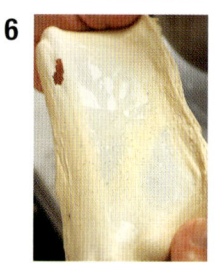

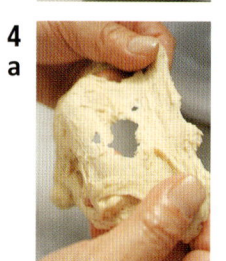

ハウプトタイクをつくる

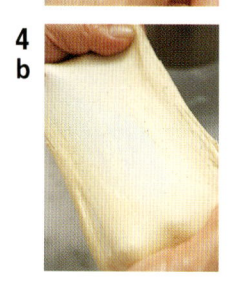

1 フォアタイクの上にハウプトタイク用の小麦粉をかけて、しばらくおく(**1a**)。5分間ほどおくと、イーストの力で粉の山が盛り上がり、割れてくる(**1b**)。充分に割れたら混ぜ始める。

2 1にすりおろしたレモンの皮、バニラビーンズ、塩、香辛料、砂糖を加える。全卵と卵黄を合わせて溶き、加える。ビーターで練り始める(**2**)。

3 混ぜやすくするため、柔らかいバターを少量加える。多く加えるとグルテンの形成を妨げるので、この段階では少しだけにする(**3**)。

4 こねる目安は、生地を少し手にとって伸ばしてみた時に、生地がちぎれず、充分に伸びるかどうか。切れるようでは不充分(**4a**)。向こうが透けて見える程度に伸びれば、充分にグルテンが形成されている(**4b**)。

5 充分にこねたら、残りのバターを加える。さらに練る(**5**)。

6 バターを入れた生地は艶が出て、より柔らかく伸びるようになる(**6**)。

7 オレンジピール、レモンピールを先に投入して、さらに練り込む。ピールは粘りがあるので、よく練って生地全体に分散させる(**7**)。

8 レーズン、アーモンドを加える(**8a**)。強い力で練るとレーズンがつぶれて、生地に色がついてしまうため低速でさっと混ぜ合わせる(**8b**)。

9 1本分約800〜810gに分割し、丸めて10〜15分間休ませ、発酵させる(**9**)。

成形

1　手のひらで押すようにパンチングして発酵ガスを抜き、生地を広げる(**1**)。
2　左右を折りたたんで向きを変える(**2**)。
3　さらに四つに折り、棒状に成形し、閉じ目を上にして型に入れる(ふたつきの型の場合)(**3**)。

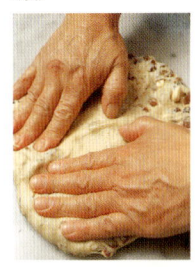

焼成

1　型に生地を入れたら、ふたをして室温で5〜10分間ほど休ませ、少し発酵させる。
2　200℃のオーブンで50分間焼成する。写真は焼き上がり(**a**)。すぐに型から出す。

仕上げ

1　焼き上げたシュトレンは温かいうちに溶かしバターをはけでぬる(**1**)。
2　一晩おき、翌日溶かしバターにひたす(**2a**)。網の上でバターの余分を落とし、軽く乾かす(**2b**)。
3　バニラビーンズのサヤで風味づけした砂糖をまぶす(**3a**)。余分は落とす(**3b**)。
4　粉糖をふって白く飾る。

＊ここでは蓋のついたシュトレン型で焼いているが、成形した生地を鉄板に並べて焼く手法もある。
＊使用したバニラビーンズのサヤをあらかじめ砂糖に加えてバニラシュガーをつくっておく。

Anmerkung

ドイツ人にとってクリスマスに食べる菓子はレープクーヘンとシュトレンである。初めて記録に現れるのは古く、14世紀頃にはすでにクリスマスの菓子としてつくられていた。ドレスデン銘菓である。

Nussstollen
ヌスシュトレン

ヘーゼルナッツを
フュルングに加工して発酵生地に巻き込む
味わい深いシュトレンである。

サイズ　800gのシュトレン　4本分

[ヘーフェタイク]
◎フォアタイク Vorteig（合計=820g）
牛乳　Milch —— 350g
イースト（生）　Hefe —— 70g
薄力粉　Weizenmehl —— 200g
強力粉　Weizenmehl —— 200g

◎ハウプトタイク Hauptteig（合計=1962g）
上記のフォアタイク　Vorteig —— 820g
薄力粉　Weizenmehl —— 300g
強力粉　Weizenmehl —— 300g
砂糖　Zucker —— 120g
塩　Salz —— 10g

シュトレンの香辛料(115ページ)
　　Stollengewürz —— 12g
バター　Butter —— 400g

[フルーツ]（合計=400g）
16割アーモンド　Mandeln, grob gehackt
　　 —— 200g
レモンピール　Zitronat —— 150g
オレンジピール　Orangeat —— 50g

［ヌスフュルング］（合計＝902g）
牛乳　Milch —— 250g
砂糖　Zucker —— 300g
バター　Butter —— 150g
塩　Salz —— 1g
バニラビーンズ　Vanilleschote —— 1/2本

ローストしたハーゼルヌスパウダー
　Haselnüsse, geröstet, gerieben —— 700g
ブルーゼル　Brösel —— 100g
シナモンパウダー　Zimtpulver —— 1g
全卵　Vollei —— 100g

＊型を用いる場合には型にバターをぬる

生地をつくる

生地をつくる
ブッターシュトレンと同様に生地をつくり、フルーツはオレンジピール、レモンピール、アーモンドを混ぜる。

ヌスフュルングをつくる

ヌスフュルングをつくる
1　鍋に牛乳、砂糖、バターを合わせて、加熱する。ひと煮立ちさせて火からおろし、塩、バニラビーンズを加える（**1**）。
2　ハーゼルヌスパウダー、シナモンパウダー、ブルーゼルを合わせて **1** に加え、混ぜ合わせる（**2**）。
3　混ざったら、溶いた全卵を加えてペースト状に練る（**3a**）。ヌスフュルングのでき上がり（**3b**）。

成形

成形
1　生地を型の長さに合った正方形にのばし、内側にヌスフュルングをぬり広げる。生地の端はぬらずに1cm内側にぬること（**1**）。
＊600gの生地に200gのフュルング。
2　手前から巻き、棒状に成形する（**2**）。
3　閉じ目は軽く押さえ、上にして型に入れる（ふたつきの型の場合）（**3**）。
＊焼成、仕上げはブッターシュトレンと共通。

発酵生地の菓子

Mohnstollen
モーンシュトレン

ケシの実をフュルングに加工して
発酵生地に巻き込んでいる、
プチプチ感とコクのあるシュトレン。

サイズ　800gのシュトレン　4本分
［ヘーフェタイク］
◎フォアタイク　Vorteig（合計=820g）
牛乳　Milch —— 350g
イースト（生）　Hefe —— 70g
薄力粉　Weizenmehl —— 200g
強力粉　Weizenmehl —— 200g

◎ハウプトタイク　Hauptteig（合計=1962g）
上記のフォアタイク　Vorteig —— 820g
薄力粉　Weizenmehl —— 300g
強力粉　Weizenmehl —— 300g
砂糖　Zucker —— 120g
塩　Salz —— 10g
シュトレンの香辛料(119ページ)
　Stollengewürz —— 12g

バター　Butter —— 400g

［フルーツ］（合計=400g）
粗く砕いたアーモンド(皮むき)
　Mandeln, grob gehackt —— 200g
レモンピール　Zitronat —— 150g
オレンジピール　Orangeat —— 50g

[モーンフュルング]（合計=857g）
牛乳　Milch ——— 150g
砂糖　Zucker ——— 175g
バター　Butter ——— 90g
塩　Salz ——— 1g
バニラビーンズ　Vanilleschote ——— 1/2本

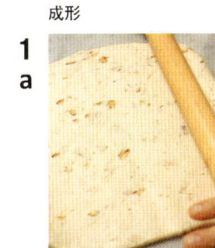

ローストしたハーゼルヌスパウダー
　Haselnüsse, geröstet, gerieben ——— 20g
ブルーポピーシード　gemalener, Mohn ——— 300g
＊ローストして挽く
ブルーゼル　Brösel ——— 50g
シナモンパウダー　Zimtpulver ——— 1g
全卵　Vollei ——— 50g

＊型を用いる場合には型にバターをぬる

生地をつくる
1　ブッターシュトレンと同様に生地をつくり、フルーツは最後にオレンジピール、レモンピール、アーモンドを混ぜる（**1**）。

モーンフュルングをつくる
1　ローストして挽いたブルーポピーシード、シナモンパウダー、ブルーゼル、ハーゼルヌスパウダーを合わせる（**1**）。
2　鍋に牛乳、砂糖、バターを合わせて加熱する。ひと煮立ちさせて火からおろし、塩、バニラビーンズを加える（**2**）。
3　**1**を**2**に加えて、混ぜる。混ざったら、溶いた全卵を加えて、ペースト状に練り合わせる（**3a**）。モーンフュルングのでき上がり（**3b**）。

成形
1　生地を型のサイズに合った正方形にのばす（**1a**）。内側にモーンフュルングをぬり広げる。生地の端はぬらずに1cm内側にぬること（**1b**）。
＊600gの生地に200～250gのフュルング。
2　手前から巻き、棒状に成形する（**2**）。
3　閉じ目は軽く押さえ、上にして型に入れる（ふたつきの型の場合）。
＊焼成、仕上げはブッターシュトレンと共通。

Marzipanstollen
マジパンシュトレン

マジパンローマッセを棒状に成形し、
発酵生地の芯として巻き込んで焼く。
色どりにピスタチオが映える。

サイズ 880gのシュトレン 4本分
[ヘーフェタイク]
◎フォアタイク Vorteig (合計=550g)
牛乳 Milch —— 100g
イースト(生) Hefe —— 100g
薄力粉 Weizenmehl —— 125g
強力粉 Weizenmehl —— 125g

◎ハウプトタイク (合計=2012g)
左記のフォアタイク Vorteig —— 550g
薄力粉 Weizenmehl —— 375g
強力粉 Weizenmehl —— 375g
砂糖 Zucker —— 120g
塩 Salz —— 10g
シュトレンの香辛料(119ページ)
　　Stollengewürz —— 12g
すりおろしたレモンの皮
　　geriebene Zitronenschale —— 1個分
バニラビーンズ Vanilleschote —— 1本
全卵 Vollei —— 50g
卵黄 Eigelb —— 20g
バター Butter —— 500g

[フルーツ]（合計=1120g）
ラム酒漬けのサルタナレーズン　Sultaninen
　　——480g
クランベリー　Preiselbeeren——200g
ピスタチオ　Pistazien——150g
粗く砕いたアーモンド（皮むき）
　　Mandeln, grob gehackt——150g

オレンジピール　Orangeat——70g
レモンピール　Zitronat——70g

[マジパン]
マジパンローマッセ　Marzipanrohmasse
　　——420g　＊4本分。棒状に入る

＊型を用いる場合には型にバターをぬる

生地をつくる

生地をつくる
ブッターシュトレンと同様に生地をつくり、フルーツはラム酒漬けのサルタナレーズン、クランベリー、ピスタチオ、アーモンド、オレンジピールを混ぜる。

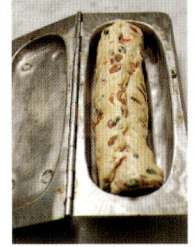

成形

成形
1　マジパンローマッセを直径1cmの棒状にのばす。長さはシュトレン型よりも左右から1cmずつ短い長さに整える（**1**）。
2　生地を、型に合う大きさの正方形にのばす。
3　**1**のマジパンを**2**の生地で巻く（**3a**）。空気を入れすぎないようにマジパンに生地を密着させながら巻き始める（**3b**）。手早く巻く（**3c**）。
4　閉じ目は軽く押さえ、上にして型に入れる（ふたつきの型の場合）（**4**）。
＊焼成、仕上げはブッターシュトレンと共通。

Berliner Pfannkuchen
ベルリーナー プファンクーヘン

中世、キリスト教の謝肉祭の菓子として揚げたことが
はじまりの丸い揚げ菓子。
熱々のベルリーナーを食べる時には注意しよう。
中のジャムが思わぬところからビュッと飛び出さないように。

Anmerkung

ベルリンではプファンクーヘン、それ以外の地ではベルリーナー、つまりベルリンっ子と呼ばれるのはなぜなのか、定かではない。中世の揚げ油はラードだったが、現代では植物油を用いる。アメリカのドーナッツ、クルーラーの原点。

サイズ 10個分
[ヘーフェタイク]
◎フォアタイク Vorteig（合計=250g）
牛乳 Milch —— 100g
イースト（生） Hefe —— 20g
薄力粉 Weizenmehl —— 65g
強力粉 Weizenmehl —— 65g

◎ハウプトタイク Hauptteig（合計=632g）
上記のフォアタイク Vorteig —— 250g
薄力粉 Weizenmehl —— 100g
強力粉 Weizenmehl —— 100g
砂糖 Zucker —— 35g
塩 Salz —— 3g
すりおろしたレモンの皮
　　geriebene Zitronenschale —— 1/4個分
バニラビーンズ Vanilleschote —— 1/2本
全卵 Vollei —— 65g
卵黄 Eigelb —— 40g
バター Butter —— 40g

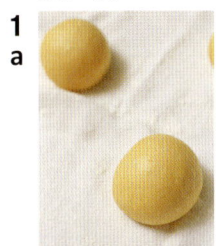

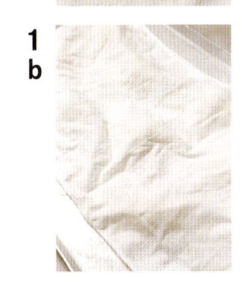

[揚げ油]
油 Öl —— 適量

[フュルング]
ラズベリージャム Himbeerkonfitüre —— 20g

[上がけ]
バニラシュガー Vanillezucker —— 適量
グラズーワ（フォンダン）…フォンダン100gを水20g、ラム酒10gでのばす

準備
薄力粉と強力粉を同割で合わせて使う。

フォアタイクをつくる
ボウルにイースト、38℃に温めた牛乳、小麦粉を合わせて混ぜる。これをフォアタイクとする。

ハウプトタイクをつくる
1　フォアタイクにすりおろしたレモンの皮、バニラビーンズ、塩、砂糖、バターを入れ、ハウプトタイク用の小麦粉をかけて少しおく。
2　イーストの発酵により粉の山が盛り上がったら、1を練り始める。卵黄と全卵を少しずつ加え、練り合わせる。練り上がったら10分間そのまま休ませる。

分割・成形
1　1個60gの生地玉に分割する。鉄板に布を敷き、粉をはたいたところへ丸めた生地玉を並べる（1a）。軽く粉をかけ、布をかぶせて乾燥を防ぎながら発酵させる（1b）。
2　生地が約3倍に膨らめばよい（2）。

揚げる
180℃に熱した油で揚げる。発酵生地は軽いので油に浮き、表面と裏面の境目がくっきり出る。

仕上げ
1　色よく揚げたらバニラシュガーをまぶす（1）。
2　境目の1箇所に細い丸口金を差し込んでラズベリージャムを絞る（2）。
3　上面の仕上げはフォンダングラズーワでもよい。同様にジャムを絞る（3）。

Nussbeugel
ヌスボイゲル

三日月の形をした発酵生地の中に、
ヘーゼルナッツのフュルングを詰めた菓子。
日本のクルミ菓子にも似た素朴な、どこか懐かしい味だ。

サイズ　24個分
[ヘーフェタイク(直ごね)]（合計＝497g）
牛乳　Milch —— 50g
イースト(生)　Hefe —— 15g
砂糖　Zucker —— 25g
塩　Salz —— 2g
すりおろしたレモンの皮
　　geriebene Zitronenschale —— 1/2個分
バニラビーンズ　Vanilleschote —— 1/2本
薄力粉　Weizenmehl —— 125g
強力粉　Weizenmehl —— 125g
卵黄　Eigelb —— 30g
バター　Butter —— 125g

[ヌスフュルング]（合計＝765g）
マジパンローマッセ　Marzipanrohmasse —— 250g
砂糖　Zucker —— 80g
塩　Salz —— 1g
バニラビーンズ　Vanilleschote —— 1/2本
シナモンパウダー　Zimtpulver —— 1g
ラム(酒)　Rum —— 15g
水飴　Glukose —— 65g　＊火にかけて柔らかくする
卵白　Eiweiß —— 100g
ローストしたヘーゼルヌスパウダー
　　Haselnüsse, geröstet, gerieben —— 250g

[艶出し卵液]
全卵　Vollei —— 1個
卵黄　Eigelb —— 2個分
塩　Salz —— 1g　＊焼き色を強める

準備
薄力粉と強力粉を同割で合わせて使う。

生地をつくる(直ごね法)
1　ボウルにイーストを入れ、40℃に温めた牛乳、バニラビーンズ、塩、すりおろしたレモンの皮、砂糖、小麦粉を合わせて混ぜる。卵黄を加える(**1**)。
2　ビーターでこね始める(**2**)。
3　こね上がりの目安は、一部を伸ばしてみて、ちぎれずによく伸びればよい(**3**)。こね上がったらボウルから取り出して、ひとつにまとめる。30分間休ませる。
4　1個20gの球に分割し、24個つくる。約2倍になるまで発酵させる。写真は発酵後(**4**)。

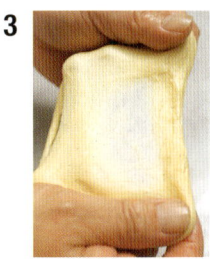

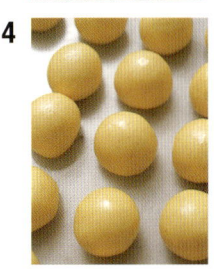

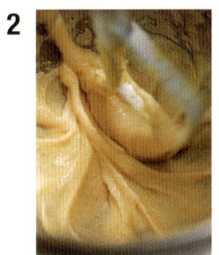

ヌスフュルングをつくる
1　ボウルにマジパンローマッセ、バニラビーンズ、塩、砂糖、ラム酒を合わせて混ぜる。
2　温めて溶かした水飴、卵白を加え、さらに練り混ぜる(**2**)。
3　ローストしたハーゼルヌスパウダー、シナモンパウダーを合わせて**2**に加える。よく混ぜ合わせる(**3**)。

成形
1　分割した生地玉を楕円形にのばし、棒状にしたヌスフュルング各30gを包む(**1a**)。紡錘形に整え、閉じ目を下にする。両端を手前に曲げて三日月に成形する(**1b**)。
2　鉄板に並べ、15分間休ませて、発酵させる。
3　塩を加えて溶いた卵液を二度塗りして、照りを出す。照り出しの卵液に塩を加えると濃い焼き色が得られる(**3**)。

焼成
200℃のオーブンで、下火で10分間、上火をつけて、さらに10分間焼成する。

Anmerkung
ヌスボイゲルの生まれはオーストリアとスロバキアあたりと言われている。ドイツではヌスキプフェルともいう。

Früchtebrot
フリュヒテブロート

乾燥フルーツを少ない粉でつなげるように
固めて焼く、褐色のパン。
フリュヒテブロートは起源の古い菓子のひとつである。

サイズ　20cm楕円形

[ヘーフェタイク（直ごね）]（合計=217g）

イースト　Hefe —— 6g
塩　Salz —— 3g
洋ナシのリキュール　Birnenwasser —— 85g
ライ麦粉　Roggenmehl —— 60g
薄力粉　Weizenmehl —— 30g
強力粉　Weizenmehl —— 30g
レープクーヘンの香辛料
　　Lebkuchengewürz —— 3g
＊レープクーヘンの香辛料は自家ブレンドする。シナモン、ナツメグ、クローブ、ジンジャーパウダー、オールスパイスを同割で合わせる。

[フルーツ]（合計=780g）

乾燥洋ナシ　Getrocknete Birnen —— 100g
乾燥スモモ　Trockenzwetschgen —— 150g
乾燥イチジク　feige —— 190g
サルタナレーズン　Sultaninen —— 150g
カレント　Korinthen —— 50g
乾燥アンズ　Aprikosen —— 50g
レモンピール　Zitronat —— 25g
オレンジピール　Orangeat —— 25g
粗く刻んだヘーゼルナッツ
　　Haselnüsse, gehackt —— 30g
キルシュヴァッサー（酒）　Kirschwasser —— 10g

［飾り］
ドレンドチェリー1/2個を生地の中央に飾る。
皮むきアーモンド6個を半割してドレンドチェリーの周囲を飾る。

［仕上げ］
水飴を火にかけて柔らかくし、焼成後にぬる。

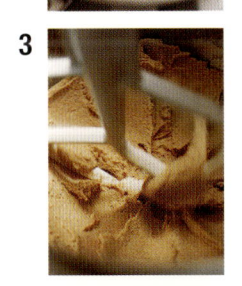

準備
サルタナレーズンはキルシュヴァッサーに浸け、一晩、温かい室内におく。他のフルーツはひとつにまとめて、温かい室温(27～30℃)で一晩おく。

生地をつくる(直ごね法)
1　ボウルにイースト、洋ナシのリキュール、塩を合わせる(**1**)。
2　ライ麦粉、小麦粉、香辛料を合わせた粉類を、**1**に加えて、こね始める(**2**)。
3　こねたら、そのまま15分間休ませる(**3**)。
4　フルーツをひとつに合わせ、休ませた**3**に加えて混ぜ合わせる(**4**)。
5　混ざったら、そのまま20分間休ませる。この時点で生地温度27℃程度を目安とする(**5**)。
6　生地を台に出し、水にぬらした手で楕円形に成形する(**6**)。
7　中央にドレンドチェリー、その周囲に半割アーモンドを飾りつける。生地に押し込むようにして、しっかり固定する(**7**)。
8　1時間休ませ、発酵させる。

焼成
220℃のオーブンで40～50分間焼成する。

仕上げ
乾燥防止と艶を出すため、フリュヒテブロートが熱いうちに、火にかけて柔らかくした水飴をハケでぬる。

𝔄nmerkung
冬、クリスマスが近づく前に、豊穣を祈る祝祭日の施しものとされる。南ドイツやオーストリアが発祥と言われるが、フルーツのとれる南国イタリアから来たという説もある。

134

Kapitel 5

Torten, Schnitten

生地と素材の調和
トルテとシュニッテン

Schwarzwälder Kirschtorte

シュヴァルツヴェルダーキルシュトルテ

シュヴァルツヴェルダーキルシュトルテを名乗るなら、
シュヴァルツヴァルドの名産品であるサクランボとキルシュヴァッサーをたっぷりと使う。
ボーデンは黒い森にちなみ、ショコ生地と決まっている。
ドイツ菓子の中で、もっとも知られているトルテだろう。

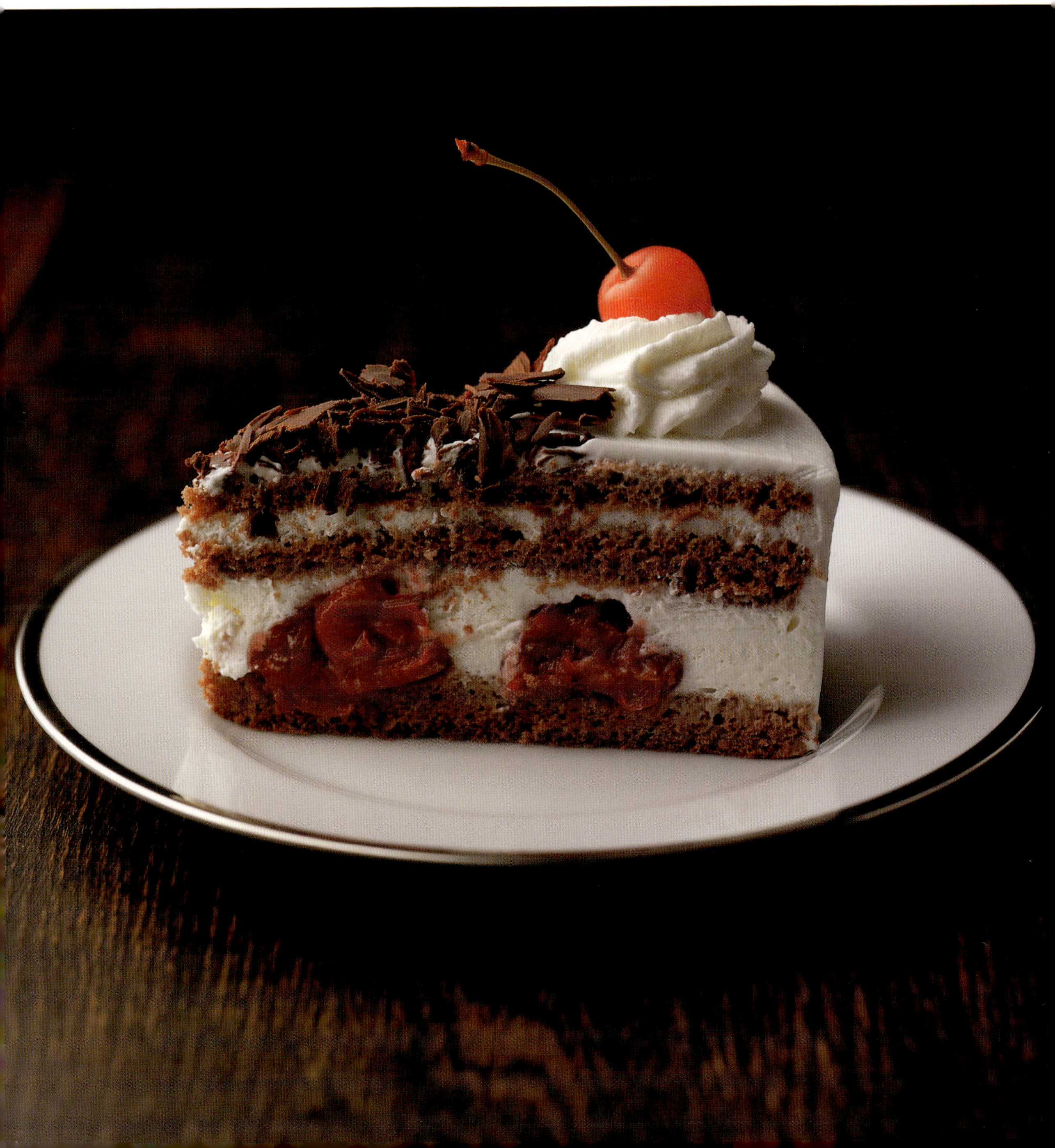

サイズ　24cmリング型1台
[ショコラーデンマッセ]
ヴィーナーボーデン　ショコラーデ
　（16ページ）——1cm厚さ3枚

[キルシュコンポート]
サワーチェリー（缶）　Sauerkirschen——1000g
＊果実と果汁にわける
小麦澱粉　Weizenpuder——100g
砂糖　Zucker——200g
シナモンパウダー　Zimtpulver——2g

[キルシュ風味のザーネ]（合計=1080g）
生クリーム（乳脂肪35％）　Sahne——900g
牛乳　Milch——95g（生クリームをのばす）
砂糖　Zucker——50g
粉ゼラチン　Gelatine——5g（4倍の水で戻す）
キルシュヴァッサー（酒）　Kirschwasser——30g

[飾り]
削ったクーベルチュールチョコレート
　Kuvertüre——適量
サクランボ（枝つきの生／飾り用）
　Kirschen——10個

キルシュのコンポートをつくる

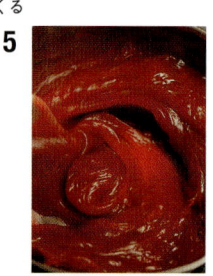

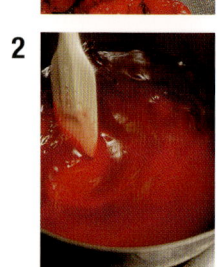

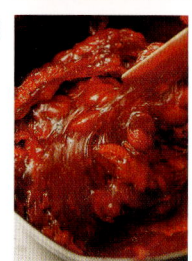

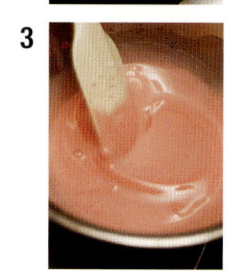

キルシュコンポートをつくる

1　サワーチェリーは果実と果汁に分ける（**1**）。
2　果汁は少量をボウルに残して、残りを鍋に入れ、砂糖を加えて火にかける（**2**）。
3　ボウルに残した果汁には小麦澱粉を加えて溶かす（**3**）。
4　鍋の果汁が沸いたら**3**を加えて、混ぜ合わせる。
5　混ぜながら加熱し、とろみをつける。煮詰まり、練る状態になったら火からおろす（**5**）。
6　果実を加え、予熱があるうちによく混ぜ合わせる。シナモンパウダーを加えて混ぜる（**6**）。
7　バットに広げて冷ます。

キルシュ風味のザーネをつくる

1　生クリームを泡立て、七分立てになったら牛乳を加えて濃度を調整する(乳脂肪分35%のクリームを32%相当に下げる)(**1**)。
2　泡立てながら、砂糖を加える。一度に全量加えてよい(**2**)。
3　キルシュヴァッサーを加える(**3**)。さらに撹拌し、泡立てる。
4　泡立ったら、少量をゼラチンと混ぜ合わせる(**4**)。
5　4を戻し入れ、全体を混ぜる(**5**)。
6　混ぜ合わさった状態(**6**)。

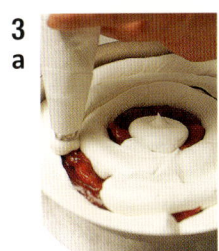

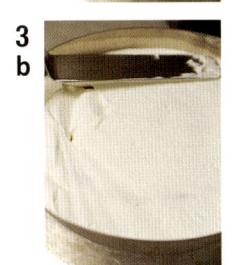

組み立て

1　ヴィーナーボーデン ショコラーデを用意し、厚さ1cmにスライスする。3枚とる。
2　直径24cmセルクルに1枚目を敷き、絞り袋に入れたキルシュコンポートを二重円に絞り出す(**2**)。
3　キルシュの間にキルシュ風味のザーネを絞り出す(**3a**)。さらに上に1段分のザーネを絞り出し、表面をならす(**3b**)。
4　2枚目のショコラーデン生地を重ねる。
5　ザーネをぬり広げ、セルクルの高さですり切る(**5**)。
6　3枚目のショコラーデン生地をのせる。いったん冷凍し、冷やし固める(**6**)。

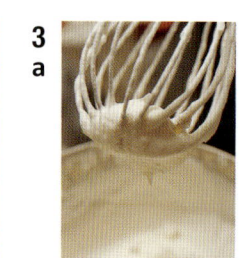

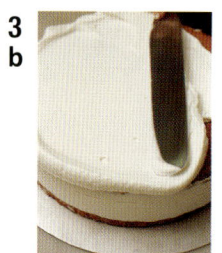

仕上げ

1　クーベルチュールチョコレートをナイフの背で薄く削り出す(**1**)。

2　冷凍したトルテ本体から型をはずす。型にバーナーの火を当てるとはずしやすい(**2**)。

3　組み立てに使用したものと同じキルシュ風味のザーネを用意する。乳脂肪が低いので角は立たない(**3a**)。天面と側面にぬり、なめらかにならす(**3b**)。

4　10等分の印をつけ、飾り位置に8切8番の星型口金をつけた袋でザーネを絞り出す(**4**)。絞ったラインがゆれるので、ふんわりと絞る気持ちで仕上げる。

5　絞り出したザーネの上に枝付きサクランボを飾る。中央部に**1**の削りチョコレートを盛る。

乳脂肪42％の生クリームを用いる例

1　乳脂肪が多いため、泡立てるとピンと角が立つ。(**1**)。

2　トルテにぬり広げる。32％の場合より重い感触。色も黄みがかっている(**2**)。

3　絞り出したラインはくっきり出るが、大きく絞ると食べる時に重さを感じる(**3**)。

Anmerkung
ドイツ風トルテの技法

1 ヴィーナーボーデンを1cmほどの厚さに切る。

2 ミュルベタイクボーデンにジャムをぬる。

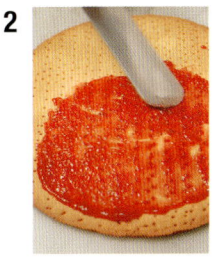

3 スライスしたヴィーナーボーデンを2に重ねる。

4 同じ直径のセルクルを上からセットする。

5 トルテ用のバニレクレメなどクレメをぬる。

6 ボーデンの上に薄く均一にのばす。

7 粒のこまかいブルーゼルを多めに散らす。

8 全体にまぶして、余分なブルーゼルはのぞく。

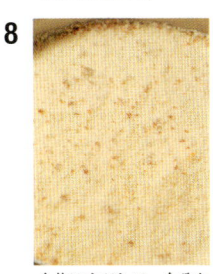

ドイツ風トルテは、主に生地やクレメを重ねて層をつくるケーキを指す。その直径は24cmから26cmが主流で大きく、時には28cmということもある。

層の構造は、底に同径のミュルベタイクを敷き、ジャムまたはチョコレートをぬった上にヴィーナーマッセなどのボーデンを重ねる（**1〜4**）。クレメ系のトルテではフルーツのフュルングやゼラチンを加えたクレメを詰めて、ボーデンを重ねるのが基本的なパターンである。

フルーツを並べるトルテではボーデンの上にバニレクレメをぬり、水分移行を防ぐためのブルーゼルを散らす（**5〜8**）。

ドイツ風トルテではフランス菓子のようにボーデンにシロップを打つことはほとんどない。このためボーデンには大きい気泡は不要で、むしろ密な生地に焼き上げる。

ボーデンはそれぞれのトルテのために最適な味わいになるようにするため、基本技法は同じでも配合は少しずつ異なる。生地の種類が多いことがドイツ風トルテの大きな特徴のひとつである。

サクッとしたミュルベタイク（底生地）、旨みのあるボーデン（中間層の生地）、甘くないクレメ、甘酸っぱいフルーツやチョコレートの苦みなど、それぞれのパーツの味を考えて美しく組み合わせることが、トルテづくりの醍醐味である。

デコレーションは左右対称、同心円が基本である。調和の美しさが重視される。フランス菓子のアントルメが左右非対称であり、個性的な飾りを求めるのとは対照的である。

Käsekuchen
ケーゼクーヘン

ケーゼクーヘンはドイツでもっとも愛されている菓子のひとつである。
焼き色のしっかりついた表面と、
柔らかく口のなかでほろっと溶けるマッセが魅力的である。

サイズ　24cmトルテ型(深さ8cm)1台
[焼き込みトルテ用のミュルベタイク]（合計＝1132g）
＊1台分は420g使用
バター　Butter —— 300g
塩　Salz —— 2g
すりおろしたレモンの皮　geriebene Zitronenschale
　　—— 1/2個分
バニラビーンズ　Vanilleschote —— 1/2本分
粉糖　Puderzucker —— 150g
全卵　Vollei —— 80g
薄力粉　Weizenmehl —— 600g

[トルテ台]
アンズジャム　Aprikosenkonfitüre —— 適量
サルタナレーズン　Sultaninen —— 20g

[ケーゼマッセ]（合計＝1220g）
クリームチーズ　Käse —— 650g
クワルクチーズ　Quark —— 100g
薄力粉　Weizenmehl —— 10g
小麦澱粉　Weizenpuder —— 10g
砂糖　Zucker —— 150g
すりおろしたレモンの皮
　geriebene Zitronenschale —— 1/2個分
レモン果汁　Zitronensaft —— 1/2個分
バニラビーンズ　Vanilleschote —— 1/2本
牛乳　Milch —— 100g
全卵　Vollei —— 200g

焼き込みトルテ用のミュルベタイクをつくる

1　台の上で粉をふるい、山に盛って中央をくぼませる(**1**)。
2　くぼみに卵を割り入れ、塩をおく。粉糖、バターをおき、カードで切りながら混ぜる(**2**)。
3　水分を吸って粉が小さなかたまりになってきたら、手で寄せ、まとめあげる(**3**)。
4　練らずにひとまとまりにする(**4a**)。ラップフィルムで包み、2時間ほど冷蔵庫で休ませる(**4b**)。
5　休ませた生地は艶が出て、表面もなめらか(**5**)。休ませることで生地がつながり、作業性がよくなる。
＊この作業はミキサーや低速のビーターで行なってもよい。

ミュルベタイクを型に敷き込む

1 直径24cmの丸型の底に使う分の生地を厚さ3mmに麺棒でのばす。パイローラーでピケをして、24cmセルクルで切り抜く(**1**)。型の底にぴったりと敷き、180℃のオーブンで10分間空焼きする。
2 側面の生地を用意する。丸型の高さ×円周の大きさの型紙をつくる。生地を厚さ3mmにのばして型紙をあて、余分を切り取る(**2**)。
3 1が冷めたら、型の側面にバターをぬる。側面用の生地をまきつける(**3**)。
4 底生地と側面生地の間はぴったり閉じる(**4**)。側面にもピケをする。

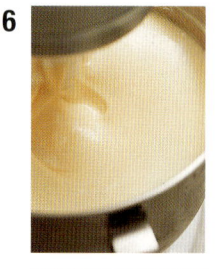

ケーゼマッセをつくる

1 ボウルにクリームチーズ、クワルクチーズを入れ、撹拌してポマード状に混ぜ、薄力粉、小麦澱粉を加えて、さらに混ぜる(**1**)。
2 砂糖、バニラビーンズを加えて混ぜる(**2**)。
3 牛乳を少しずつ加えて、混ぜる(**3**)。
4 レモン果汁とすりおろしたレモンの皮を加える。撹拌の速度を上げ、よく混ぜ合わせる(**4**)。
5 写真のようになめらかになってきたら(**5a**)、卵を少しずつ加えながら混ぜ合わせる(**5b**)。
6 次第にきめのこまかいマッセになってくる。ボウルの周辺に飛び散った分や底にたまる分なども時々へらで混ぜ、ダマにならないようにする(**6**)。
7 白くもったりしたらミキサーからはずす(**7**)。

Anmerkung

できればクワルクチーズを使いたい。レシピは古くは14世紀に登場したともいわれるが、時代を経てもずっと、この菓子は定番のひとつとして君臨し続けている。

型に流す

1 型に敷いたミュルベタイクボーデンにアンズジャムをぬり、レーズンを散らす(**1**)。
2 レーズンが動かないようにへらでケーゼマッセを受け止めながら、流し入れる(**2**)。

焼成

1 200℃のオーブンで30分間焼く(**1**)。
2 途中、表面が色づいてきたら、側生地とマッセとの間にナイフで切れ目を入れる(**2**)。さらに30分間焼く。
＊ケーゼマッセに火が入ると膨張する。側生地についたままだと中心部に力が入り、亀裂ができてしまう。垂直方向に均等に伸びあがらせ、表面をきれいに仕上げるために切れ目を入れる。
3 きれいな焼き色になったら、竹串を刺してみて、何もついてこなければ火が通っている(**3**)。粗熱をとって型からはずし、冷ます。
＊焼き込みトルテ用のミュルベタイクは、通常トルテの土台に用いるミュルベタイクより卵(水分)も粉も多い配合。底と側面に生地を敷き込んでケーゼマッセを注いでもこぼれない形にするため、加工しやすく、割れたり砕けることがないように調整する。焼き上げた時のしっとりした食感がマッセとも合う。
＊ドイツのクワルクチーズは白くなめらかで爽やかな酸味が特徴のフレッシュチーズである(9ページ)。日本では入手しにくいため、クリームチーズとカッテージチーズを合わせて代用可能。クワルクは食感がさっぱりしているが、クリームチーズを加えるとコクが出て、こちらもうまい。

Frankfurter Kranz

フランクフルター クランツ

王冠型に焼き上げたヴィーナーマッセに、
やや甘さのある、口どけのいいブッタークレメをぬり、
クロカントアーモンドをびっしりとまぶす。

サイズ 19cm(4号)エンゼル型3台分
[生地] (合計=962g)
全卵 Vollei —— 315g
砂糖 Zucker —— 245g
塩 Salz —— 2g
薄力粉 Weizenmehl —— 140g
小麦澱粉 Weizenpuder —— 140g
バター Butter —— 120g

[フランクフルタークランツ用のバニレクレメ] (計=872g)
牛乳 Milch —— 500g
塩 Salz —— 2g
バニラビーンズ Vanilleschote —— 1/2本
全卵 Vollei —— 220g
砂糖 Zucker —— 100g
小麦澱粉 Weizenpuder —— 50g

[ブッタークレメ] (合計=1540g)
上記のバニレクレメ Vanillecreme —— 750g
バター Butter —— 750g
粉糖 Puderzucker —— 40g

[シロップ]
シロップ(砂糖と水同割) Lauterzucker —— 250g
アラック(酒) Alak —— 50g

[飾り]
アーモンドプラリネ Mandelpraline —— 適量

準備
● 薄力粉と小麦澱粉は合わせる。
● 型にはバターをぬる。

生地をつくる

1　ボウルに卵と砂糖、塩を合わせる。湯せんにかけて温めながら、ホイッパーで撹拌する。38～42℃まで温める(**1**)。
2　温度が上がったら、ミキサーに移し、最初は高速で撹拌する。白っぽくなりボリュームが出るまで泡立てる(**2**)。
3　白っぽくなったら中速に落とし、しっかりときめこまかい泡をつくる。へらですくってみてリボン状になればよい(**3**)。
4　へらに持ち替え、粉類を少しずつ加えながら、混ぜ合わせる(**4**)。
5　溶かしバターをへらの上から加える(**5**)。艶が出るまで混ぜ合わせる。
6　なめらかな生地になったら、型に流し入れる(**6**)。
7　180℃のオーブンで30分間焼成する(**7**)。
8　焼き上がり、粗熱が取れたら型からはずす(**8**)。

組み立て

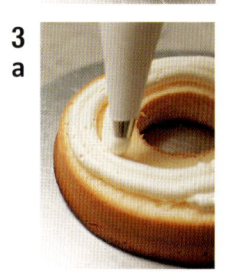

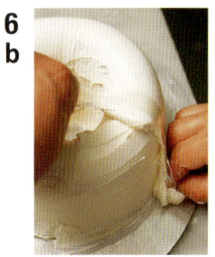

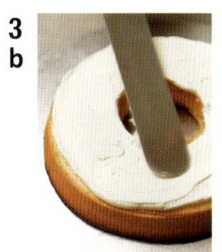

フランクフルタークランツ用の
バニレクレメをつくる

1　ボウルに全卵を溶き、砂糖の1/2量を加えて、白っぽくなるまですり混ぜる。
2　1に小麦澱粉、塩を混ぜ合わせる。
3　鍋に牛乳を入れ、砂糖の残り1/2量、バニラビーンズを加えて、沸騰寸前まで火にかける。
4　2に沸いた3を少しずつ加えて混ぜる。鍋に戻し、混ぜながら強火で加熱する。
5　加熱すると一度クレメが締まった状態になる。その後、混ぜ続けると艶が出て、再度クレメがゆるむ。これができ上がりの合図。
6　バットに広げ、冷蔵庫で冷ます。

ブッタークレメをつくる

ポマード状に撹拌したバターにバニレクレメ、粉糖を加えて混ぜる。

アラック酒風味のシロップ

砂糖1に対して水1の割合で溶かしたシロップ250gにアラック酒50gを加えたもの。

組み立て

1　冷めた生地を3段に切り分ける(**1**)。
2　アラック酒風味のシロップを1段目の生地の断面に打つ(**2**)。
3　ブッタークレメを絞り袋に入れ、**2**の上に絞り出しす(**3a**)。スパチュラでならす(**3b**)。
4　2段目を重ね、同様にシロップを打ち、クレメをぬる(**4**)。
5　3段目を重ね、全面にシロップをぬる(**5**)。
6　ブッタークレメをスパチュラで全面にぬる(**6a**)。生地の曲面にそうようにセロファンなどでクレメをなめらかにならす(**6b**)。
7　アーモンドプラリネを全体にまぶす(**7a**、**7b**)。

仕上げ

1 10等分のアインタイラーをあて、飾り位置に指で印をつける(**1**)。
2 星型5番口金をつけた袋にブッタークレメを入れ、飾り位置に絞る(**2**)。
3 ドレンドチェリーを飾る(**3**)。

フランクフルタークランツ用の
バニレクレメのポイント

基本のバニレクレメのつくりかたで、配合もほぼ同様であるが、卵黄だけでなく全卵を用いて口当たりを軽く仕上げている。
フランクフルタークランツは生地とアーモンド以外に味の要素が少なく、ブッタークレメが主役のトルテであり、やや甘く口当たりよく仕上げるための調整を行なっている。

Anmerkung

フランクフルト・アム・マインの銘菓であり、「フランクフルトの王冠」の意味。神聖ローマ帝国皇帝の戴冠式がこの都で行なわれたことを象徴している。18世紀に登場し、無名のケーキ職人が考案したと考えられている。

Spanischer Vanilletorte
スパニッシャー バニレトルテ

スペインからもたらされた交易品のチョコレート、バニラ、アーモンドをふんだんに使う贅沢なトルテである。刻んだチョコレートを2層焼き込み、断面に浮かぶ形がバニラのサヤを連想させるのも面白い。

サイズ　25cmマンケ型1台分
[生地]（合計＝1007g）
マジパンローマッセ　Marzipanrohmasse —— 300g
すりおろしたレモンの皮
　　geriebene Zitronenschale —— 1/4個分
バニラビーンズ　Vanilleschote —— 1本
バター　Butter —— 110g
卵黄　Eigelb —— 140g
砂糖　Zucker —— 50g
卵白　Eiweiß —— 140g
砂糖　Zucker —— 110g
塩　Salz —— 2g
薄力粉　Weizenmehl —— 155g

[フュルング]
刻んだクーベルチュールチョコレート
　　Kuvertüre, gehackt —— 120g

[型にまぶす]
12割アーモンド　Mandeln, gehackt —— 適量

準備
● バターを型にぬり、12割アーモンドをまんべんなくまぶしつける。
● クーベルチュールチョコレートは、こまかく刻む。

生地をつくる
1 ボウルにマジパンローマッセを入れ、ビーターで撹拌する。
2 すりおろしたレモンの皮、バニラビーンズ、1/2量のバターを加えて、さらに混ぜる。
3 砂糖、バターの残り1/2量を加え、よく混ぜる。
4 卵黄を少しずつ加える。なめらかに乳化させる（**4**）。
5 別のボウルに卵白を入れ、砂糖、塩を加えて八分立てまで泡立てる。砂糖は全量を最初に加える。
6 **4**がなめらかになったところへ、**5**のアイシュネーの1/3量を混ぜ合わせる。
7 まだアイシュネーが残っているうちに、薄力粉を少しずつ加えながら、混ぜ合わせていく。底からすくうように混ぜる（**7**）。
8 粉気がなくなったら残りのアイシュネーを加えて、混ぜ合わせる（**8a**）。泡をあまりつぶさないようにする。均等になめらかになればよい（**8b**）。

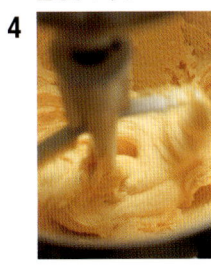

型に流す

1 準備した型に、生地の1/3量を静かに注ぐ(**1**)。
2 表面をならし、刻んだクーベルチュールチョコレートの1/2量を円形に広げる。チョコレートは外に溶けださないように、縁から2cmほど内側におさめる(**2**)。
3 生地の1/3量をそっと注ぎ、焼いた時にチョコレートと混ざらないように広げる(**3**)。
4 2層目のチョコレートを広げる(**4**)。
5 残りの生地を型の高さから1cmほど下がった位置まで静かに注ぐ(**5**)。

焼成

200℃のオーブンで下火20分間、上火20分間焼成する。焼き上がったら上下を逆さにして冷まし、粗熱が取れたら型をはずす(**a**)。

仕上げ

12等分のアインタイラーをのせ、粉糖をふりかける。

Anmerkung

南国スペインの名は北に住むドイツ人にとってロマンを感じさせる響きだったのか、スペイン風という名がつけられたといわれている。

Linzer Torte
リンツァー トルテ

オーストリアの都市リンツの名産品。香辛料とクルミ、
ヘーゼルナッツが入った生地に赤スグリのジャムをはさんで焼く。
格子状に絞り出すのが大きな特徴である。

サイズ　25cmマンケ型1台分
[リンツァー生地]（計＝883g）
バター　Butter —— 200g
粉糖　Puderzucker —— 70g
小麦澱粉　Weizenpuder —— 70g
全卵　Vollei —— 100g
薄力粉　Weizenmehl —— 130g
ハーゼルヌスパウダー　Haselnüsse, gerieben —— 130g
ブルーゼル　Brösel —— 130g
シナモンパウダー　Zimtpulver —— 2g
クローブパウダー　Nelkenpulver —— 1g
クルミ　Walnüsse —— 50g
牛乳　Milch —— 70g
＊絞り用生地330gに加えて、適宜のばす

[フュルング]
赤スグリジャム　Johannisbeerkonfitüre —— 300g

[飾り]
アーモンドスライス　Mandeln, gehobelt —— 20g

準備

a

b

準備
● 薄力粉、ローストしたハーゼルヌスパウダー、ブルーゼル、シナモンパウダー、クローブパウダーをボウルに入れ(**a**)、混ぜ合わせる(**b**)。
● マンケ型にバターをぬる。

生地をつくる

1

2

3

4a

4b

5

6

生地をつくる
1 ボウルにバターと粉糖を合わせ、ビーターですり混ぜる(**1**)。
2 ポマード状になったら、小麦澱粉を加えて混ぜ合わせる(**2**)。
3 卵を少しずつ加える(**3**)。
4 3がなめらかに混ざり合ったら、ミキサーからおろす。へらに替えて混ぜながら粉類を少しずつ加える(**4a**)。よく混ぜ合わせる(**4b**)。
5 天面に絞る分として300gを別のボウルに取る。残りを本体用の生地としてローストしたクルミを加える(**5**)。
6 天面用の300gの生地に牛乳を加えて、絞り出せる固さに調整する。牛乳を入れすぎないように注意する。生地がゆるすぎると絞った形が崩れてしまう。絞り出せる程度にゆるめればよい(**6**)。

Anmerkung
現存する最古のトルテと呼ばれている。名前とともに書き遺されたオリジナルレシピは17世紀のものだが、ローマ帝国時代に同様の菓子があったともいう。複雑なよい香りと酸味の組合せは早くから人々を魅了したに違いない。

型に流す

1 型の高さ半分まで本体用の生地を流して広げる(550g)。表面をならす(**1**)。

2 絞り袋に赤スグリのジャムを入れ、型より一回り小さな円を描く(**2a**)。カードで表面をならす(**2b**)。

3 天面用の生地を絞り袋に入れ、**2**の上に格子に絞り出す。縁は円を二重に描く(**3**)。

4 アーモンドスライスを散らす(**4**)。

焼成

200℃のオーブンの下火で22～23分間、上火を点けてさらに15分間焼成する(**a**)。

Erdbeersahnetorte
エルトベアザーネトルテ

イチゴの酸味と軽いクリーム、生地がそれぞれバランスよく響き合う。
エルトベアザーネトルテは日本における、
イチゴのショートケーキである。

サイズ　24cmリング型1台分
[準備]
ミュルベタイクボーデン(20ページ)──1枚
イチゴジャム　Erdbeerkonfitüre──50g
ヴィーナーボーデン(14ページ)──1枚

[ザーネクレメ]（合計=615g）
牛乳　Milch──50g
砂糖　Zucker──85g
卵黄　Eigelb──50g
バニラビーンズ　Vanilleschote──1/2本
粉ゼラチン　Gelatine──10g
＊4倍の水で戻す
生クリーム　Sahne──420g

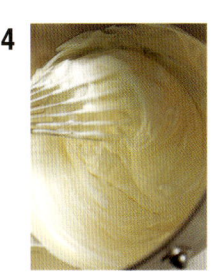

イチゴ　Erdbeeren──25粒(350g)

[飾り]
泡立てた生クリーム　Schlagsahne──適量
＊砂糖は加えない。乳脂肪率32～35%

準備
ミュルベタイクボーデンを直径24cmのセルクルで切り抜き、イチゴジャムをぬる(**a**)。同じ直径のヴィーナーボーデンを重ねてセルクルに敷き、トルテ台とする。

クレメをつくる
1　ボウルに牛乳、砂糖、卵黄、バニラビーンズを合わせ、混ぜる。湯せんまたはボウルの底に蒸気を当てる方法で加温し、液が83～85℃になるまで温める(殺菌のため)。
2　4倍の水でふやかした粉ゼラチンを1に加え、混ぜる(**2**)。
3　別のボウルで生クリームを泡立てる。砂糖は加えない。七分立て。
4　白っぽくなった2に3の生クリームを混ぜ合わせる(**4**)。

組み立て
1　用意したトルテ台に1/3量のクレメを流す。表面をならす(**1**)。
2　ヘタを取って半分に切ったイチゴを並べる(**2**)。
3　残りのクレメをすりきりまで入れて、表面をならす。冷蔵庫で冷やし固める。

仕上げ
1　型をはずし、天面と側面に泡立てた生クリームをぬる(**1**)。
2　側面にカムで筋をつける(**2**)。
3　砕いたローストアーモンドスライスをすそに飾る(**3**)。
4　12等分の印をつけ、イチゴをおく位置に生クリームを絞り出す(**4**)。
5　ヘタをとったイチゴを位置に並べる。

Anmerkung
ドイツでは生クリームにイチゴを混ぜ合わせてエルトベアザーネとする例もある。バニラの香るザーネクレメを仕込み、デコレーションには砂糖を加えない生クリームを使う。ヴィーナーボーデンにもシロップを打たず、全体に甘さは控えめ。

Erdbeertorte

エルトベアトルテ

大粒の新鮮なイチゴの採れるドイツの春は短かい。
自然の恵みをストレートに表す生イチゴのトルテは、
いまも美しく貴重である。

サイズ　24cmリング型1台分
［トルテ台］
ミュルベタイクボーデン(20ページ)──1枚
イチゴジャム　Erdbeerkonfitüre──50g
ヴィーナーボーデン(14ページ)──1枚
＊厚さ1.5cmに切る
［トッピング］
イチゴ　Erdbeeren──40粒
トルテ用のバニレクレメ
　Vanillecreme(28ページ)──150g
ブルーゼル　Brösel──25g

［上がけゼリー］
アガー　Agar-Agar──16g
砂糖　Zucker──150g
水　Wasser──700g
キルシュヴァッサー(酒)　Kirschwasser──3g
クランベリージュース　Preiselbeersaft──5g

［仕上げ］
イチゴジャム　Erdbeerkonfitüre──適量
ローストしたアーモンドスライス
　Mandeln, gehobelt, geröstet──25g

準備
● ミュルベタイクを用意し、厚さ3mmにのばしてピケする。180℃で20分間焼き、冷めたら直径24cmのセルクルで切り抜く。切り抜いたミュルベタイクボーデンにイチゴジャムをぬる。同じ直径のヴィーナーボーデンを重ね、セルクルをセットして、トルテ台とする。
● ブルーゼルはミュルベタイクなどが多く入っているものを用いる。果実などの水分を吸収させるのが目的。

上がけ用のゼリーをつくる
湯を沸かし、砂糖、アガーを加えて溶かす。キルシュヴァッサー、クランベリージュースを合わせ、50℃程度まで冷ます。

組み立て
1　用意した土台にバニレクレメをぬり、平らにならす。上からブルーゼルを敷きつめる(**1**)。
2　ヘタをとったイチゴを敷きつめる(**2**)。
3　イチゴの表面に上がけゼリー液をハケでぬる(**3a**)。残りのゼリー液を流し込み、冷蔵庫で冷やし固める(**3b**)。

仕上げ
1　ゼリーが冷え固まったら、をはずし、側面にイチゴジャムをぬる(**1**)。
2　ローストしたアーモンドスライスを側面にまぶし、飾りつける(**2**)。

Anmerkung
イチゴをすき間なく並べてアガーで固める。アガーはイチゴの表面にもぬって全体に光沢を出す。

生地と素材の調和　生菓子

Obsttorte
オブストトルテ

季節のくだものを複数組み合わせるトルテは
色の並べかたを考え、
きれいな同心円を描くように仕上げたい。

サイズ 24cmリング型1台分
[トルテ台]
ミュルベタイクボーデン（20ページ）——1枚
ラズベリージャム　Himbeerkonfitüre——30g
ヴィーナーボーデン（14ページ）——1枚
＊厚さ1.5cmに切る。

[トッピング]
トルテ用のバニレクレメ
　　Vanillecreme（28ページ）——200g
ブルーゼル　Brösel——30g
オレンジ　Orange——2個
＊房にむく
キウイ　Kiwi——2個
＊5mmにスライス
ブドウ　Trauben——8粒
＊1/2にカット、種をとる
ラズベリー　Himbeeren——8個
ブルーベリー　Heidelbeeren——4個
イチゴ　Erdbeeren——5個
＊1/2にカット
洋ナシ　Birnen——1個
＊3mmにスライス

[上がけゼリー]
アガー　Agar-Agar——20g
砂糖　Zucker——60g
白ワイン　Weißwein——100g
水　Wasser——300g

[仕上げ]
トルテ用のバニレクレメ　Vanillecreme——15g
ローストしたアーモンドスライス
　　Mandeln, gehobelt, geröstet——25g

準備
トルテ台を準備する（159ページ参照）

くだものを切る
オレンジは皮をむき、房から取り出す。キウイは皮をむき、5mmほどの厚さに切る。ブドウは半分に切り、タネは取りのぞく。洋ナシは皮をむき、3mmの厚さに切る。イチゴは半分に切る。使用するくだものは季節によって異なる。円に並べるため、同じ厚さに美しく切りそろえること。

上がけ用のゼリーをつくる
鍋に水、砂糖、アガーを合わせて沸かす。沸いたら白ワインを加える。

組み立て
1　トルテ台にトルテ用のバニレクレメを上にぬり広げる。ブルーゼルをふる。
2　準備したくだものを**1**の上に並べる。オレンジ、キウイ、洋ナシ、ブドウ、イチゴ、ラズベリー、ブルーベリーの順で同心円を描く（**2**）。
3　熱いゼリー液をくだものの上からぬり、残りの液をセルクルの高さまで静かに流し入れる（**3**）。
4　冷蔵庫で冷やし固める。

仕上げ
1　冷え固まったトルテとセルクルの間にナイフを差し入れ、静かに型をはずす（**1**）。
2　側面にバニレクレメをぬり、スパチュラでのばす。ローストしたスライスアーモンドを飾る（**2**）。

Himbeertorte
ヒンベアトルテ

ラズベリーはドイツ各地で見られ、
サクランボで有名なシュヴァルツヴァルドも野生のベリーの宝庫でもある。
果実を円の外側から中心に向かって美しく詰める。

サイズ　24cmリング型1台分
[トルテ台]
ミュルベタイクボーデン（20ページ）——1枚
ラズベリージャム　Himbeerkonfitüre——30g
ヴィーナーボーデン（14ページ）——1枚
＊厚さ1.5cmに切る。

[トッピング]
ラズベリー　Himbeeren——400g
トルテ用のバニレクレメ
　　Vanillecreme（28ページ）——200g
ブルーゼル　Brösel——30g

[上がけゼリー]
アガー　Agar-Agar——20g
砂糖　Zucker——60g
水　Wasser——400g

[仕上げ]
トルテ用のバニレクレメ
　　Vanillecreme——15g
ローストしたアーモンドスライス
　　Mandeln, gehobelt, geröstet——25g

準備
トルテ台を準備する（159ページ参照）

上がけ用のゼリーをつくる
鍋に水、砂糖、アガーを合わせて沸かす。

組み立て
1　準備したトルテ台の上にバニレクレメをぬり広げる。ブルーゼルをふる。
2　ラズベリーを外周からすき間なく敷きつめる(**2**)。
3　熱いゼリー液をハケでラズベリーにぬり、残りの液をセルクルの高さまで静かに流し入れる(**3**)。
4　冷蔵庫で冷やし固める。

仕上げ
1　冷え固まったトルテとセルクルの間にナイフを差し入れ、静かに型をはずす(**1**)。
2　側面にバニレクレメをぬる。スパチュラでのばす。ローストしたスライスアーモンドをまぶしつける(**2**)。

Käsesahnetorte
ケーゼザーネトルテ

チーズと生クリームのトルテ、
つまりレアチーズケーキである。
白く、軽い酸味があり、柔らかい食感を表現する。

サイズ 24cmリング型1台分
[トルテ台]
ミュルベタイクボーデン(20ページ) —— 1枚
アンズジャム Aprikosenkonfitüre —— 40g
ヴィーナーボーデン(14ページ) —— 1枚

[ケーゼザーネクレメ]（合計＝1262g）
牛乳 Milch —— 130g
砂糖 Zucker —— 130g
卵黄 Eigelb —— 70g
塩 Salz —— 2g
クワルクチーズ Quark —— 420g
粉ゼラチン Gelatine —— 10g
＊4倍の水で戻す
生クリーム Sahne —— 500g

[フュルング]
アンズ（シロップ漬け） Aprikosen —— 500g

[仕上げ]
泡立てた生クリーム Schlagsahne —— 適量
＊砂糖は加えない

[飾り]
ブルーゼル Brösel…こまかく砕き、トルテのすそを飾る

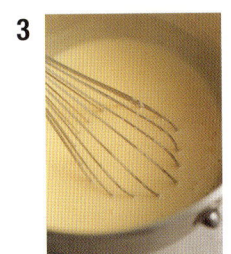

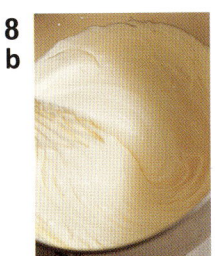

ケーゼザーネクレメをつくる

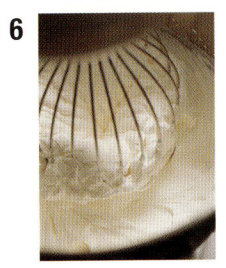

準備
● ミュルベタイクを用意し、厚さ3mmにのばしてピケする。180℃で20分間焼き、冷めたら直径24cmのセルクルで切り抜く。余りはブルーゼル用に砕く（このトルテでは使わない）。
● ケーゼザーネトルテに使うブルーゼルはヴィーナーボーデンの白い部分を中心にしたもの。ケーゼの白さと柔らかい食感を引き立てるように、ブルーゼルもソフトで白いものがよい。
● クワルクチーズが入手できない場合はカッテージチーズとクリームチーズを合わせて好みの味に調整する。

ケーゼザーネクレメをつくる
1 牛乳、砂糖、卵黄を混ぜ合わせる。塩を加えて混ぜる(**1**)。
2 粉ゼラチンを4倍の水でふやかす。
3 **1**を157ページ同様に83〜85℃まで加温する(**3**)。
4 冷めたら**2**のゼラチンを加え、よく混ぜ合わせる。
5 **4**にクワルクチーズを加えて混ぜ合わせる(**5**)。
6 別のボウルで生クリームを七分立てまで泡立てる(**6**)。
7 **6**の生クリームを**5**に少し加えて、混ぜる(**7**)。
8 混ざったら、残りの生クリームのボウルに戻し入れる(**8a**)。混ぜ終わりの状態(**8b**)。

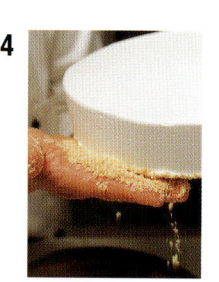

組み立て

1 準備したトルテ台にクレメの1/3量を流し、表面をならす(**1**)。
2 水気を切ったアンズを並べる。アンズの中央にナイフを刺し、クレメを密着させる(**2**)。
3 残りのクレメを流し入れる。表面をならし、一度冷凍庫で冷やし固める(**3**)。

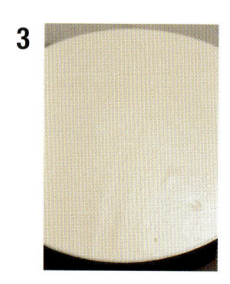

仕上げ

1 直径24cmに焼いたヴィーナーボーデンを底から厚さ1cmに切る(**1**)。
2 底面を上にして、12分割のアインタイラー(等分器)をのせ、粉糖をふる(**2**)。
3 トルテ本体に泡立てた生クリームをぬる(**3**)。
4 柔らかいブルーゼルをすそに飾る(**4**)。
5 天面に**2**のボーデンを重ねる(**5**)。

Trüffeltorte
トリュッフェルトルテ

チョコレートトリュフのトルテである。トリュフチョコレートと同じく
水飴、生クリーム、バターをチョコレートをあわせた濃厚なマッセを、
ショコヴィーナーボーデンではさむ。

サイズ　24cmリング型1台分
［トリュッフェルトルテ用の
　　ショコヴィーナーボーデン］（合計＝742g）
全卵　Vollei —— 300 g
砂糖　Zucker —— 170g
塩　Salz —— 2g
すりおろしたレモンの皮
　　geriebene Zitronenschale —— 1/4個分
バニラビーンズ　Vanilleschote —— 1/4本
薄力粉　Weizenmehl —— 100g
小麦澱粉　Weizenpuder —— 60g
カカオパウダー　Kakaopulver —— 25g
バター　Butter —— 85g

［トリュッフェルマッセ］（合計＝640g）
生クリーム　Sahne —— 250g
水飴　Glukose —— 50g
クーベルチュールチョコレート　Kuvertüre —— 250g
バター　Butter —— 50g
ラム（酒）　Rum —— 40g

トリュッフェルマッセをつくる

トリュッフェルトルテ用の
ショコヴィーナーボーデンをつくる

つくりかたは基本のショコヴィーナーボーデンと同様(16ページ)。配合はカカオパウダーを基本より10%減らし、重いトリュッフェルクレメ(チョコレートクリーム)とのバランスをとっている。

トリュッフェルマッセをつくる

1 水飴に生クリームを加えて沸かす(**1**)。
2 クーベルチュールチョコレートに沸騰した**1**を加えて柔らかくしへらで混ぜる(**2**)。
  *空気を入れないように混ぜること。後の組み立て工程で必要な分だけ立てて用いる。
3 バターをちぎって加えて、予熱で溶かしながら混ぜる(**3**)。
4 艶が出てきたらラム酒を加える。そのまま22℃まで冷ます(**4**)。

組み立て

組み立て

1 直径24cmのセルクルで焼いたショコヴィーナーボーデンを厚さ1cmに3枚スライスする。
2 トリュッフェルマッセの一部をミキサーで立て、空気をふくませる(**2**)。
3 1枚目のボーデンに**2**をぬり広げる(**3**)。
4 2枚目のボーデンを重ね、その上に**2**をぬる(**4a**)。3枚目のボーデンを重ねる(**4b**)。
5 天面、側面の順に泡立ててないトリュッフェルマッセをぬり広げ、表面をなめらかにならす(**5**)。冷蔵庫で冷やし固める。

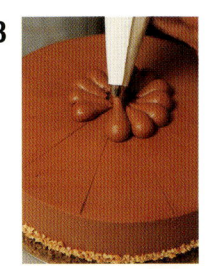

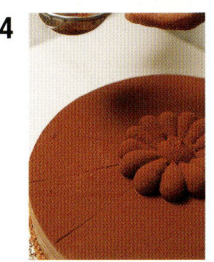

仕上げ

1 仕込んだトルテの上から泡立てたトリュッフェルマッセをぬり、厚みを出す(**1**)。
2 すそにローストした16割アーモンドを飾る(**2**)。
3 12等分の印をつけ、中心部に泡立てたトリュッフェルマッセを花の形に絞り出す(**3**)。
4 カカオパウダーを天面にふり、中心部にトリュッフェルを飾る(**4**)。

トリュッフェルをつくる

1 トリュッフェルマッセを直径1cmの球に絞り出す(**1a**)。上から粉糖をふる(**1b**)。
2 1を手に取って丸め、球に整える(**2**)。
3 溶かしたクーベルチュールチョコレートにくぐらせ、粗い網などの上で転がして、表面に表情をつける(**3**)。

Sachertorte

ドイツ風ザッハトルテ

ドイツ版のザッハトルテのアレンジ。
本家のどっしりとした味わいに比べると、
軽やかで、モダンであり、食べやすい。

サイズ 24cmリング型1台分

[ザッハマッセ]（合計＝1257g）
バター Butter —— 180g
粉糖 Puderzucker —— 75g
バニラビーンズ Vanilleschote —— 1本
クーベルチュールチョコレート Kuvertüre —— 195g
卵黄 Eigelb —— 150g
卵白 Eiweiß —— 225g
砂糖 Zucker —— 150g
塩 Salz —— 2g
8割アーモンド Mandeln, gehackt —— 130g
薄力粉 Weizenmehl —— 150g

[フュルング]（合計＝290g）
バター Butter —— 130g
クーベルチュールチョコレート Kuvertüre —— 20g
粉糖 Puderzucker —— 65g
全卵 Vollei —— 75g

[仕上げ]
ラズベリージャム Himbeerkonfitüre —— 85g
ガナッシュクリーム Ganache —— 200g
＊下記から使用

[ガナッシュクリーム]
クーベルチュールチョコレート Kuvertüre —— 500g
牛乳 Milch —— 250g

[飾り]
クーベルチュールチョコレート
　Kuvertüre —— 適量

準備
薄力粉とローストした8割アーモンドを合わせる。

生地をつくる
1　ボウルにバターを入れ、撹拌する。バニラビーンズ、湯せんで溶かしたクーベルチュールチョコレートを加える（1）。軽く混ぜ、粉糖を加えて、さらに混ぜる。
2　卵黄を少しずつ加え、混ぜ合わせる（2）。
3　別のボウルに卵白を入れ、塩、砂糖を加えて、しっかり泡立てる。
4　2に3のアイシュネーの1/3量を加えてさっくりと混ぜる（4）。
5　4に粉類を少しずつ加えて、混ぜる（5a）。混ぜ終わり（5b）。
6　残りのアイシュネーを加えて混ぜ合わせる（6）。

型に流す
型に流し入れ、表面をならす。

焼成
180℃のオーブンで下火15分間、上火を点けて20分間焼成する。色よく焼き、上下を返して冷ます。

Eierlikörtorte
アイアーリキュアトルテ

アイアーリキュアを加えた濃厚なクレメとクルミ、刻んだチョコレートを合わせた素材感の強い生地を重ねる。味は濃いがくどさはなく後味はすっとしている。そのバランスがドイツらしい。

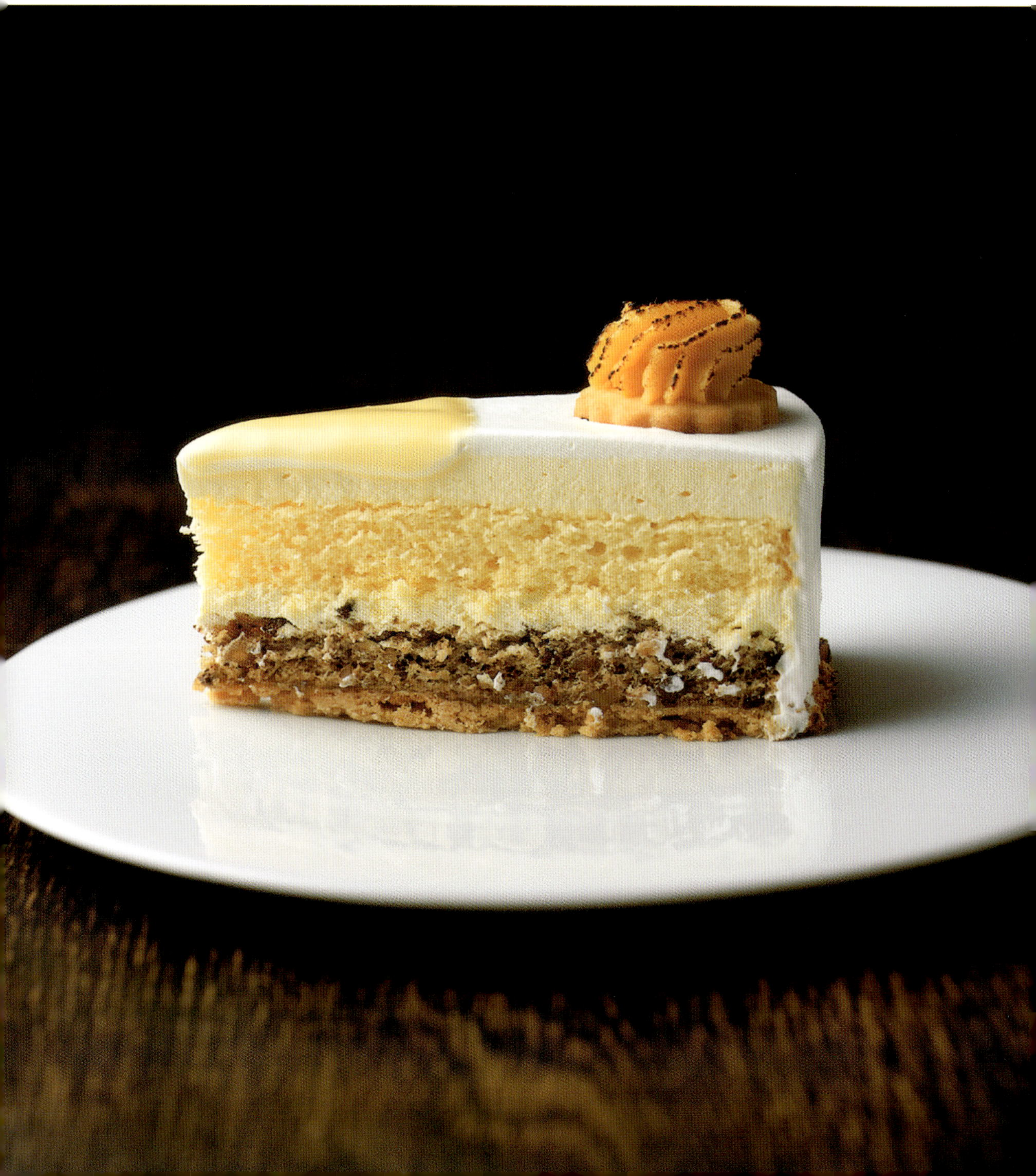

サイズ　24cmリング型1台分
[トルテ台]
ミュルベタイクボーデン（20ページ）――1枚
アンズジャム　Aprikosenkonfitüre――40g
ヴィーナーボーデン（14ページ）――1枚

[ヴァルヌスボーデン]（合計=592g）
卵黄　Eigelb――95g
卵黄に対する砂糖　Zucker――40g
すりおろしたレモンの皮
　　geriebene Zitronenschale――1/4個分
バニラビーンズ　Vanilleschote――1/2本
卵白　Eiweiß――190g
卵白に対する砂糖　Zucker――60g
塩　Salz――2g
薄力粉　Weizenmehl――55g
クルミパウダー　Walnüsse, gerieben――100g
クーベルチュールチョコレート　Kuvertüre――50g

[アイアーリキュアクレメ]（合計=488g）
生クリーム　Sahne――300g
砂糖　Zucker――12g
牛乳　Milch――30g
卵黄　Eigelb――50g
アイアーリキュア（酒）　Eierlikör――90g
粉ゼラチン　Gelatine――6g
＊4倍の水で戻す

[仕上げ]
アイアーリキュア（酒）　Eierlikör――大さじ1
泡立てた生クリーム　Schlagsahne――適量
＊砂糖は加えない

[飾り]
ローストしたスライスアーモンド…砕く
ミュルベタイク…マジパン飾りの土台
マジパンローマッセ…黄色をつけて絞り出し、
　　バーナーで表面を軽くこがす
フリーズドライのイチゴ
　　…絞り出したマジパンの中央におく

ヴァルヌスボーデンをつくる

3

5

4

7

準備
薄力粉、砕いたクーベルチュールチョコレート、クルミパウダーをボウルに合わせ、混ぜ合わせる。

ヴァルヌスボーデンをつくる
1　卵黄にすりおろしたレモンの皮、バニラビーンズ、砂糖を加えて、泡立てる。
2　卵白に塩、砂糖を加えて、泡立てる。八分立て。
3　白っぽく泡立った1の生地に2のアイシュネーを3回に分けてすべて混ぜ合わせる（**3**）。
4　3の生地に粉類を少しずつ加える（**4**）。さっくりと艶よく混ぜ合わせる。
5　生地を直径24cmの型に流し入れて表面をならす（**5**）。
6　200℃のオーブンで25分間焼成する。
7　焼き上がり、粗熱がとれたら型からはずして冷ます（**7**）。

マジパン飾りをつくる

1 ミュルベタイクをのばし、直径35mmの菊型で抜く（**1**）。180℃のオーブンで20分間焼く。粗熱をとって冷ます。
2 マジパンローマッセに卵黄、アイアーリキュアを混ぜ合わせる（**2a**、**2b**）。**1**のミュルベタイクの上に8切10番の星型口金で絞り出す（**2c**）。
3 絞った形がきれいに出るように150℃のオーブンで表面をさっと乾かす（約10分程度）（**3**）。
4 表面を軽くバーナーであぶり、こげ目をつける。中央にフリーズドライのイチゴをのせる。

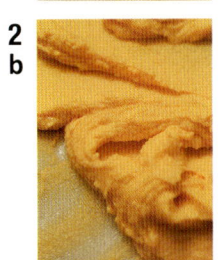

アイアーリキュアクレメをつくる

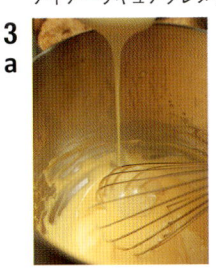

1 ボウルに卵黄、砂糖を入れ、すり混ぜる。157ページ同様に83〜85℃まで加温する。4倍の水でふやかした粉ゼラチンを合わせて、泡立てる。
2 別のボウルで生クリームを泡立てる。七分立て。
3 白っぽく泡立った**1**にアイアーリキュアを加え、混ぜ合わせる（**3a**）。合わさったら、泡立った**2**の生クリームを少しずつ加え、さっくりと混ぜ合わせる（**3b**）。

組み立ての準備

● ミュルベタイクを用意し、厚さ3mmにのばしてピケする。180℃で20分間焼き、冷めたら直径24cmのセルクルで切り抜く。切り抜いたミュルベタイクボーデンにアンズジャムをぬる（**a**）。
● ヴァルヌスボーデンを厚さ1cmにスライスし、アンズジャムをぬったミュルベタイクボーデンに重ねる。これをトルテ台とする（**b**）。
● 同じ直径のヴィーナーボーデンを厚さ1cmにスライスする。

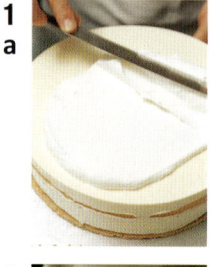

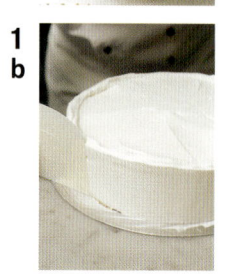

組み立て

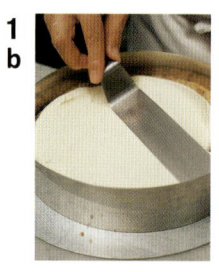

1 準備したトルテ台にクレメを200g入れる（**1a**）。ならす（**1b**）。
2 ヴィーナーボーデンを重ねる（**2**）。
3 残りのクレメ250gをすりきりまで入れ、表面をならして冷凍庫で冷やし固める（**3**）。

仕上げ

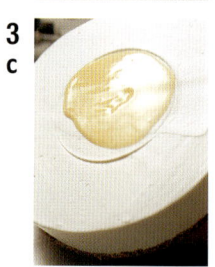

1 冷え固まったら、型をはずし、泡立てた生クリームを天面、側面ともにぬる（**1a**、**1b**）。
2 ローストしたアーモンドを砕いて、すそに飾る（**2**）。
3 天面に直径12cmのセルクルを置き、円形の跡をつける（**3a**）。円のなかにアイアーリキュアを流し入れる（**3b**）。トルテを手に持ち、静かに円形に広げる。（**3c**）。
4 マジパン飾りを並べる（**4**）。

Anmerkung

アドヴォカートと呼ばれる卵のリキュール（Eierlikörアイアーリキュア）を使ったトルテ。アドヴォカードはブランデーベースの黄色くとろりとした液体で、カスタードクリームのような味。大航海時代にオランダ人が中南米のアボカド酒の味に魅了され、自国で再現を試みたことから生みだされた酒といわれる。

Prinzregententorte
プリンツレゲンテントルテ

簡素な薄焼きボーデンと生クリームを使わないチョコレートクレメを重ねる、
華やかだが、じつは低カロリー志向のトルテ。
高齢の摂政王子の健康を気遣ってつくられたといわれる。

サイズ　24cmリング型1台分
[プリンツレゲンテンボーデン]（合計＝757g）
卵黄　Eigelb —— 150g
卵黄に対する砂糖　Zucker —— 40g
すりおろしたレモンの皮
　　geriebene Zitronenschale —— 1/4個分
バニラビーンズ　Vanilleschote —— 1/2本
卵白　Eiweiß —— 230g
卵白に対する砂糖　Zucker —— 85g
塩　Salz —— 2g
薄力粉　Weizenmehl —— 70g
小麦澱粉　Weizenpuder —— 70g
溶かしバター　Butter, flüssig —— 110g

[クレメ]（合計＝780g）
全卵　Vollei —— 200g
砂糖　Zucker —— 60g
バター　Butter —— 260g
クーベルチュールチョコレート　Kuvertüre —— 260g

[仕上げ]
クーベルチュールチョコレート　Kuvertüre —— 300g
＊1台は150g相当使用
[飾り]
ローストした16割アーモンド —— 適量

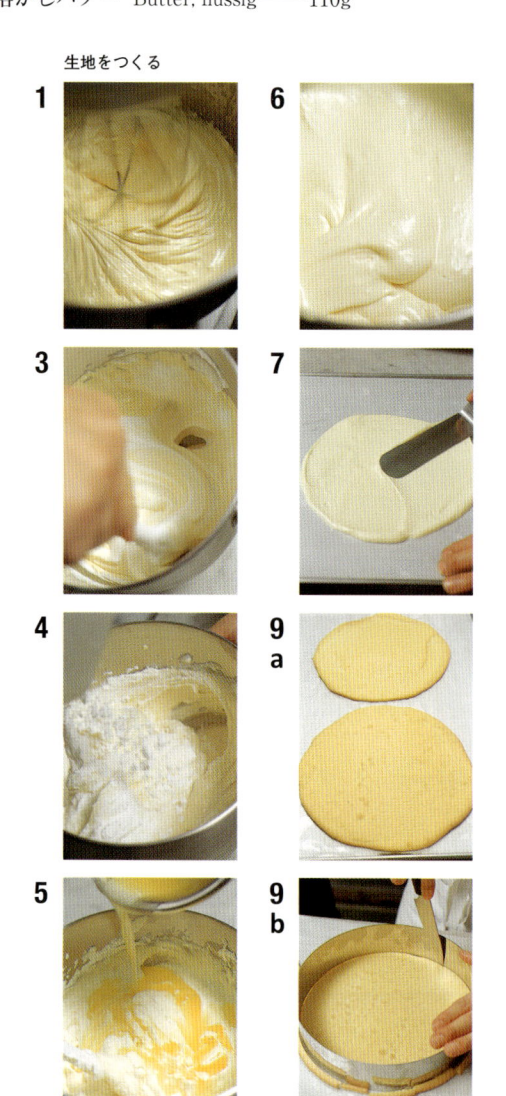

生地をつくる

生地をつくる

1　卵黄に砂糖、すりおろしたレモンの皮、バニラビーンズを加えて泡立てる（**1**）。
2　別のボウルに卵白を入れ、塩、砂糖を加えて泡立てる。
3　泡立った**1**の生地に**2**のアイシュネーを3回に分けてすべて加える（**3**）。
4　アイシュネーが白く残っているうちに、ふるって合わせた薄力粉と小麦澱粉を合わせて混ぜる（**4**）。
5　溶かしバターを加えて、よく混ぜ合わせる（**5**）。
6　艶が出て、なめらかな生地になればよい（**6**）。
7　敷紙を敷いた鉄板に**6**の生地を直径25cmの円形にのばし、7枚分つくる（1枚100g）（**7**）。
　＊焼き縮みがあるため、使用サイズよりやや大きいサイズにのばす。
8　200℃のオーブンで15分間焼成する。
9　焼き上がったら冷ます（**9a**）。直径24cmのセルクルで切り抜く（**9b**）。

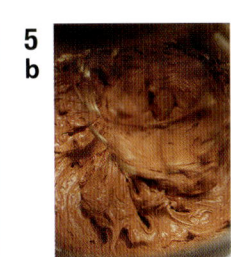

クレメをつくる

1 ボウルに全卵と砂糖を入れ、混ぜ合わせる。
2 別のボウルにバターを入れ、撹拌する。
3 2を撹拌する間に、1の卵液を湯せんで83〜85℃まで加温し、ミキサーにかけて泡立てる。
4 白っぽくなめらかになったバターに、もったりと泡立った3を少しずつ加える。
5 湯せんしたクーベルチュールチョコレートを少しずつ加える(**5a**)。混ぜ合わせる(**5b**)。

組み立て

1 直径24cmのセルクルに1枚目の生地を敷く。焼き面が上。約80gのクレメをのばす(**1**)。
2 2段目の生地を重ねる。2段目以降は焼き面が下(**2a**)。7段目まで同様にクレメをぬり、生地を重ねる(**2b**)。
3 7段目までクレメをぬったら、側面にもぬる(**3**)。表面をならして、冷蔵庫で休ませる。

仕上げ

1 クーベルチュールチョコレートをテンパリングして、トルテの上から全体にかける。ナイフで表面をならす。
2 ローストした16割アーモンドをすそに飾る。
3 熱いナイフでカットしやすいように分割の印をつける。

Anmerkung

バイエルンのPrinz regent(摂政王子)プリンツ・ルイトポルドのためにつくられた菓子として名高い、ミュンヘンの高級トルテである。このプリンツの時代、ミュンヘンは黄金期を迎えており、菓子店も競ってプリンツに菓子を献上した。当初は小さな直径のトルテだったともいう。ボーデンは少なくとも6層、あるいは7層、8層説がある。

Marzipansahnetorte

マジパンザーネトルテ

マジパンローマッセを加えるドイツ菓子は多い。しかしこちらは生地だけでなく生クリームにもマジパンを加えたまさにアーモンドたっぷりのトルテ。

サイズ　24cmリング型1台分
[トルテ台]
ミュルベタイクボーデン（20ページ）——1枚
アンズジャム　Aprikosenkonfitüre——40g
ヴィーナーボーデン（14ページ）——1枚

[マンデルボーデン]（合計=821g）
マジパンローマッセ　Marzipanrohmasse——150g
牛乳　Milch——25g
卵黄　Eigelb——125g
卵黄に対する砂糖　Zucker——75g
すりおろしたレモンの皮
　　geriebene Zitronenschale——1/4個
バニラビーンズ　Vanilleschote——1/2本
卵白　Eiweiß——190g
卵白に対する砂糖　Zucker——75g
塩　Salz——1g
薄力粉　Weizenmehl——180g

[マジパンザーネクレメ]（合計=408g）
マジパンローマッセ　Marzipanrohmasse——110g
アマレット（酒）——25g
砂糖　Zucker——20g
粉ゼラチン　Gelatine——3g
＊4倍の水で戻す
生クリーム　Sahne——250g

[仕上げ]
泡立てた生クリーム　Schlagsahne——100g
＊砂糖は加えない

[飾り]
ローストしたスライスアーモンド——適量
マジパン…球体とリングの飾りをつくる

マンデルボーデンをつくる

マンデルボーデンをつくる

1　マジパンローマッセをボウルに入れ、卵黄を少しずつ加えて混ぜ合わせる。マジパンは固いので、最初に少量の卵黄でやわらかくのばす。残りの卵黄と牛乳を加えてのばし、よく混ぜる（**1**）。

2　すりおろしたレモンの皮を加える。砂糖を加える（**2a**）。混ぜ合わせる（**2b**）。

3　別のボウルに卵白を入れ、塩、砂糖を加えて泡立てる。八分立て。

4　白っぽく泡立った**2**の生地に**3**のアイシュネーを1/3量ずつ加えて、全量混ぜ合わせる（**4**）。

5　完全に混ざり切らないうちに、薄力粉を少しずつ加えて、ざっくりと合わせる（**5a**）。へらで落としてみてリボン状になればよい。直径24cmのセルクルに流し入れ、表面をならす（**5b**）。

6　200℃のオーブンで30分間焼成する（**6**）。

7　粗熱がとれたら型からはずし、上下を逆さにして冷ます（**7**）。

マジパン飾りをつくる

1　マジパンローマッセと粉糖を練り合わせる（**1a**）。ひとかたまりにまとめる（**1b**）。麺棒で厚さ3mmにのばす。
2　半量は菊型と丸型を使用して花リング形に抜く（**2a**）。バーナーで焼き色をつける（**2b**）。
3　半量を球に丸め、**2**と組み合わせて用いる（**3**）。

組み立ての準備

ミュルベタイクを厚さ3mmにのばしてピケする。180℃で20分間焼き、冷めたら直径24cmのセルクルで切り抜く。切り抜いたミュルベタイクボーデンにアンズジャムをぬる（**a**）。マンデルボーデンを厚さ1cmにスライスする（**b**）。ミュルベタイクボーデンにマンデルボーデンを重ねて、トルテ台とする（**c**）。

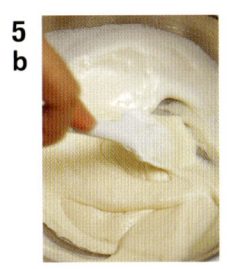

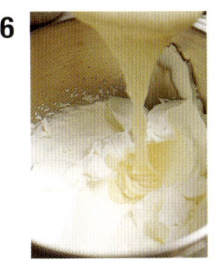

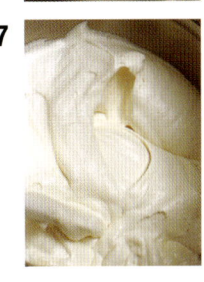

クレメをつくる

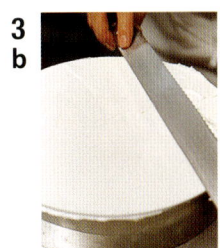

クレメをつくる
1　マジパンローマッセをボウルに入れ、アマレットを加えて混ぜる(**1**)。
2　別のボウルに生クリームを入れ、砂糖を加えて泡立てる。七分立て。
3　**1**に**2**の生クリームの一部を加えて混ぜる(**3**)。
4　4倍の水でふやかした粉ゼラチンのボウルに、泡立てた**2**の生クリームの一部を加えて混ぜる(**4**)。
5　**4**を**3**に加えて、混ぜ合わせる(**5a**、**5b**)。
6　**2**の生クリームに**5**を戻し入れる(**6**)。
7　泡をつぶさないように、さっくりと大きな動きで、よく混ぜる(**7**)。

組み立て
1　準備したトルテ台にクレメの1/2量を詰める。周辺にむかってクレメをやさしく押すように詰めると層がきれいに仕上がる(**1**)。
2　表面を平らにならし、スライスしたヴィーナーボーデンを重ねる(**2**)。
3　残りのクレメをすりきりまで詰める(**3a**)。冷凍庫で冷やし固める(**3b**)。

仕上げ

1 型をはずし、泡立てた生クリームを天面、側面ともにぬる(**1**)。
2 側面にはカムで筋をつける(**2**)。
3 砕いたローストアーモンドをすそに飾る(**3**)。
4 カット数に合わせてマジパン飾りを並べる(**4**)。

Anmerkung

ドイツではマジパンローマッセを薄くのばし、トルテ全体をコーティングすることもあるが、日本人には食べ慣れないため甘すぎると感じるかもしれない。ここではより軽やかに、マジパンを混ぜ込んだ生クリームでデコレーションした。

Nusscremetorte

ヌスクレメトルテ

ボーデンやクレメにハーゼルヌスの風味を加えるだけでなく、
プラリネにしたハーゼルヌスを隠して
食感の楽しさを表した味わい深いトルテ。

プラリネハーゼルヌスをつくる

1 水に砂糖を加えて溶かし、煮詰める（**1**）。
2 118℃になったら（砂糖がキツネ色のカラメル状になる）、ローストしたハーゼルヌスを加えて混ぜ、カラメルをまとわせる（**2**）。
3 鉄板の上に広げて冷ます（**3**）。

組み立ての準備

ミュルベタイクを用意し、厚さ3mmにのばしてピケする。180℃で20分間焼き、冷めたら直径24cmのセルクルで切り抜く。切り抜いたミュルベタイクボーデンにアンズジャムをぬる。

組み立て

1 アンズジャムをぬって準備したミュルベタイクボーデンにヌスボーデンを1枚重ねる（**1**）。
2 ミルヒショコラーデンブッタークレメ200gをぬり広げる（**2**）。
3 2枚目のヌスボーデンを重ねる（**3**）。
4 ヌスブッタークレメ200gをぬり広げる（**4**）。
5 プラリネヘーゼルナッツ30gを砕く（**5a**）。**5**の上から散らす（**5b**）。
6 3枚目のヌスボーデンを重ねる（**6**）。
7 ヌスブッタークレメを天面にぬる。冷蔵庫で冷やし固める（**7**）。

仕上げ

1 型からトルテをはずし、ヌスブッタークレメを側面にもぬる（**1**）。
2 16割アーモンドをすそにまぶす（**2**）。
3 絞り袋にヌスブッタークレメをつめ、側面に飾りを絞り出す（**3**）。
4 天面に12等分の印をつけ、**3**のクレメを位置に絞る。
5 ローストハーゼルヌスパウダーを茶漉しでふり、中央からグラデーションになるように飾る（**5**）。
6 クーベルチュールチョコレートにローストハーゼルヌスをのせた飾りを**4**のクレメの上に並べる（**6**）。

Holländer Kirschtorte
ホレンダー キルシュトルテ

オランダ式ブレッタータイクをボーデンに用いるトルテ。
色鮮やかな羽のような飾りは
オランダの風車をイメージしている。

サイズ　24cmリング型1台分
[トルテ台]
ミュルベタイクボーデン(20ページ) —— 1枚
アンズジャム　Aprikosenkonfitüre —— 30g

[ホレンダーブレッタータイクボーデン]（合計＝2670g）
　　Holländer Blätterteigboden
薄力粉　Weizenmehl —— 500g
強力粉　Weizenmehl —— 500g
水　Wasser —— 550g
塩　Salz —— 20g
砂糖　Zucker —— 60g
卵黄　Eigelb —— 40g
バター　Butter —— 1000g

[ブレッタータイクボーデンの砂糖がけ]（合計＝270g）
ラズベリージャム　Himbeerkonfitüre —— 40g
フォンダン　Fondant —— 200g
水　Wasser —— 20g
キルシュヴァッサー(酒)　Kirschwasser —— 10g

[キルシュコンポート]
サワーチェリー(缶)　Sauerkirschen —— 500g
＊汁と果実に分ける(各250gになる)
砂糖　Zucker —— 50g
小麦澱粉　Weizenpuder —— 30g
シナモンパウダー　Zimtpulver —— 2g

[キルシュヴァッサーザーネ]（合計＝528g）
生クリーム　Sahne —— 500g
砂糖　Zucker —— 25g
キルシュヴァッサー(酒)　Kirschwasser —— 3g

[飾り]
泡立てた生クリーム　Schlagsahne —— 適量
　…生クリーム500gに砂糖25gを加えて泡立てる
8割アーモンド —— 適量
　…ローストしたものでトルテのすそを飾る

＊ホレンダーブレッタータイク
　刻んだバターを混ぜ合わせる簡単なパイ生地。割れやすく、サクッとした食感になる。飾りなどに用いる。

生地をつくる
すり混ぜる

1　小麦粉を作業台の上に盛り、中央をくぼませて土手をつくる(ドイツではラントという。土地の意味)(**1**)。

2　角切りバター(2cm角)で土手を囲み、砂糖と塩を溶かした水を、1の中央に注ぐ。卵黄を加える。(**2**)。

3　土手の内側を崩すように粉を水分をすり合わせていく(**3**)。

4　すり合わせたら、スケッパーで周辺のバターと粉を中央に寄せる(**4a**)。ひとかたまりにまとめる(**4b**)。

折りのばす

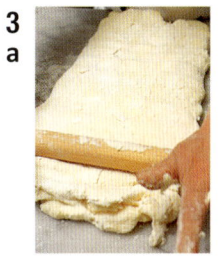

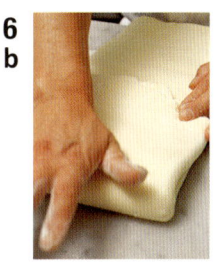

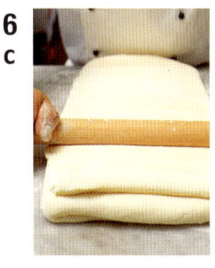

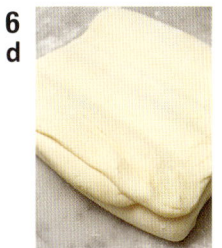

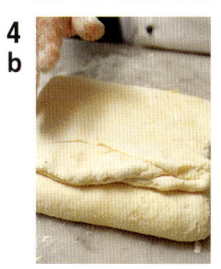

折りのばす

1　かたまりに麺棒をあて、トントンと押しながら均等にのばす(**1**)。

2　三ツ折する(**2**)。

3　向きを変えて、打ち粉をふり、麺棒で上からトントンと押しのばす(**3a**)。三ツ折する(**3b**)。

4　もう一度向きを変え、麺棒で叩くようにのばす(**4a**)。三ツ折する(**4b**)。

5　ビニール袋に入れて冷蔵庫で30分間休ませる(**5**)。

6　1〜4の動作を繰り返す(3回の三ツ折を全3セット)。1セット終わるごとに30分間休ませる(写真は3セットめ)(**6a**、**6b**、**6c**、**6d**)。

生地と素材の調和　生菓子

鉄板にのばす

生地の1/2量を鉄板1枚の大きさにのばす(**a**)。2枚分となる。厚みは3mm程度。パイローラーでピケする(**b**、**c**)。

焼成

220℃で20分間焼成し、色づいたら180℃に下げて40分間焼く(**a**)。

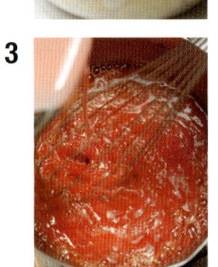

キルシュコンポートをつくる

1 缶詰のサワーチェリーは果実と果汁を分け、果汁は鍋に入れる。シナモンパウダー、砂糖を加えて、混ぜ合わせる(**1**)。
2 別のボウルに小麦澱粉を入れ、**1**の果汁を少量加えて、溶く。
3 **1**を火にかけ、混ぜながら沸騰させる。沸いたら**2**を加える(**3**)。ひと煮立ちさせて、火からおろす。
4 果実を**3**に混ぜ合わせる(**4**)。果実と液がきれいに混ざりあえばよい。バットに広げて粗熱を取る。

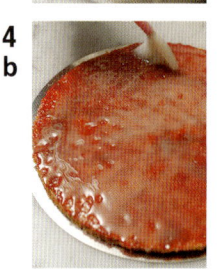

組み立ての準備

1 焼き上がったブレッタータイクボーデンは冷めてから、直径24cmのセルクルで2枚、21.5cmのセルクルで1枚(中段用)を切り抜く(**1**)。
2 直径24cmのセルクルでミュルベタイクボーデンを切り抜き、アンズジャムをぬる。
3 **2**のミュルベタイクボーデンに24cmに切り抜いたブレッタータイクボーデンを重ねて、セルクルをセットし、トルテ台とする(**3**)。
4 24cmのブレッタータイクボーデンのうち1枚は天面飾りとして用いる。水とキルシュヴァッサーを加えてフォンダンを温める(**4a**)。ラズベリージャムを温めて煮詰め、ボーデンにぬる。ジャムが少し冷めて膜が張ったら温かいフォンダンを上からぬり、乾かす(**4b**)。12等分する。

キルシュヴァッサーザーネをつくる
生クリームに砂糖、キルシュヴァッサーを加え、八分立てまで泡立てる。1台分160gを使用。絞り出し袋に入れる。

組み立て
1 粗熱をとったキルシュコンポートを絞り袋に入れ、トルテ台に二重の円を絞り出す。
2 1のキルシュの間を埋めるように、キルシュヴァッサーザーネを絞り出す。
3 21.5cmに切り抜いたブレッタータイクボーデンを重ね、軽く押さえる。
4 残りのザーネをぬり広げ、セルクルの高さいっぱいまで、すり切る。冷凍庫で冷やし固める。

仕上げ
1 冷やし固めたトルテを型からはずし、側面と天面にシュラークザーネをぬる（**1a**）。表面をなめらかにならす（**1b**）。
2 すそにローストした8割アーモンドを飾りつける（**2**）。
3 天面に12等分の印をつける。印にそって、シュラークザーネをコイル状に12箇所絞り出す（**3**）。
4 天面飾りのブレッタータイクを**3**の印の位置に、ザーネにそっとのせるように並べる（**4**）。

Flockensahnetorte
フロッケンザーネトルテ

ブランドマッセを平たく焼いて使う、北部ドイツのユニークなトルテ。
生地がうねる断面が面白い。
天面にシュトロイゼルをまぶしてFlocken（雪のかけら）を表現する。

サイズ　24cmリング型1台分
[トルテ台]
ミュルベタイクボーデン(20ページ)——1枚
ラズベリージャム　Himbeerkonfitüre——30g

[ブランドマッセ]（合計=741g　1枚170g3枚）
牛乳　Milch——100g
水　Wasser——100g
バター　Butter——60g
砂糖　Zucker——4g
塩　Salz——2g
すりおろしたレモンの皮
　geriebene Zitronenschale——1/4個分
薄力粉　Weizenmehl——100g
全卵　Vollei——155g
シュトロイゼル　Streusel——220g
＊天面用のボーデンにふって焼成。

[クレメ]（合計=1255g）
泡立てた生クリーム　Schlagsahne——1000g
＊50gの砂糖を加えて泡立てる
バニレクレメ(29ページ)——250g
ラム(酒)　Rum——5g

[仕上げ]
ローストしたアーモンドスライス
　Mandeln, gehobelt, geröstet——40g

＊ブランドマッセ
　シュー生地。トルテ用の軽い生地として用いる。焼成すると表面がうねり、表情が出るため、クリームとのコントラストを楽しむ。

生地をつくる

1　鍋に水、牛乳、バター、砂糖、塩、すりおろしたレモンの皮を合わせて火にかける(**1**)。
2　沸騰したら、いったん火を止め、薄力粉を加える。再び火にかけ、混ぜながら加熱する(**2**)。
3　底に膜ができるまで、こがさないように注意しながら、生地に艶が出るまで、よく練る(**3**)。
4　ボウルに移し、低速のミキサーで撹拌し始める。全卵を少しずつ加える(**4**)。
5　艶とぷるんとした弾力が出るまでよく混ぜ合わせる(**5**)。
6　オーブンペーパーを敷いた鉄板の上に直径24cmのセルクルをおき、**5**の生地(1枚分170g)を入れてのばす(**6a**)。中面に使うものはそのまま、天面に使うものにはシュトロイゼルを1枚あたり220gまぶして焼成する(**6b**)。
7　180℃のオーブンで下火10分間、上火10分間焼成する(**7a**)。天面用は上火でさらに5分間長く焼く(**7b**)。

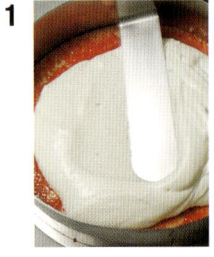

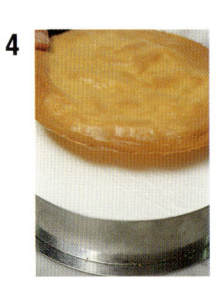

クレメをつくる

1 バニレクレメを用意する。ラム酒を加えて、風味づけする（**1**）。
2 生クリームに砂糖を加えて泡立てたシュラークザーネ250gと**1**を混ぜ合わせる（**2a**）。なめらかに混ざればでき上がり（**2b**）。
＊残りのシュラークザーネは2層目、3層目に用いる。

組み立ての準備

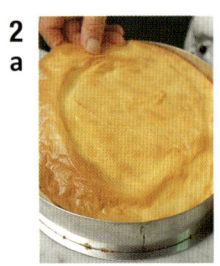

● 直径24cmのセルクルでミュルベタイクボーデンを切り抜き、ラズベリージャムをぬる。
● ブランドマッセでつくったボーデンは3枚用意する。中面用に2枚、天面用にシュトロイゼルをのせたもの1枚。

組み立て

1 セルクルに準備したミュルベタイクを敷き、300gのクレメをぬり広げる。表面をならして、平らにする（**1**）。
2 1枚目のブランドマッセでつくったボーデンを重ねる（**2a**）。ボーデンは凹凸があるので、手で軽く押さえてクレメに密着させ、空気を抜く（**2b**）。
3 200gのシュラークザーネをぬり広げる。表面をならし、平らにする（**3**）。
4 2枚目のボーデンを重ねる。軽く押さえて空気を抜く（**4**）。
5 200gのシュラークザーネをぬり広げる。表面をならし、平らにする（**5**）。
6 天面用のボーデンを重ねる（**6a**）。手で押さえ、密着させる（**6b**）。冷凍庫で冷やし固める。

仕上げ

1 冷やし固めたトルテを型からはずす。側面に薄くシュラークザーネをぬる（1）。
2 ローストしたスライスアーモンドをまんべんなく飾りつける（2）。

Anmerkung

ブランドマッセ、すなわちシュー生地自体はヨーロッパに16世紀からあって歴史が古い。シュー生地は、最初はオーブンで焼くのではなく、揚げていたのではないかと考えられている（238ページのシュプリックークーヘンのように）。丸く絞り出して焼けばシューになるが、このトルテのようにボーデンとして平たく焼いたきっかけはわかっていない。

Herrentorte
ヘレントルテ

男性のトルテ、と名づけられた、
ワインたっぷりのクレメと薄焼き生地のチョコレートトルテである。
生地は軽い配合でクレメはやや重め。

サイズ　24cmリング1台分
[トルテ台]
ミュルベタイクボーデン(20ページ) —— 1枚
アンズジャム　Aprikosenkonfitüre —— 30g

[ヘレン生地]（合計＝1212g）
バター　Butter —— 250g
バニラビーンズ　Vanilleschote —— 1/2本
すりおろしたレモンの皮
　geriebene Zitronenschale —— 1/2個
小麦澱粉　Weizenpuder —— 140g
卵黄　Eigelb —— 190g
卵白　Eiweiß —— 250g
砂糖　Zucker —— 240g
塩　Salz —— 2g
薄力粉　Weizenmehl —— 140g

[ヴァインクレメ]（合計＝1761g）
白ワイン　Weißwein —— 1020g
すりおろしたレモンの皮
　geriebene Zitronenschale —— 1/2個分
砂糖　Zucker —— 255g
塩　Salz —— 2g
卵黄　Eigelb —— 180g
小麦澱粉　Weizenpuder —— 90g
マジパンローマッセ　Marzipanrohmasse —— 210g

[ガナッシュクリーム]
クーベルチュールチョコレート　Kuvertüre —— 500g
牛乳　Milch —— 250g
＊1台は200g相当使用。

[飾り]
ミルクチョコレート
　…細い口金でHの文字に絞り出したもの
ローストした16割アーモンド

＊ヘレン生地
ヘレントルテに用いる軽めの生地。

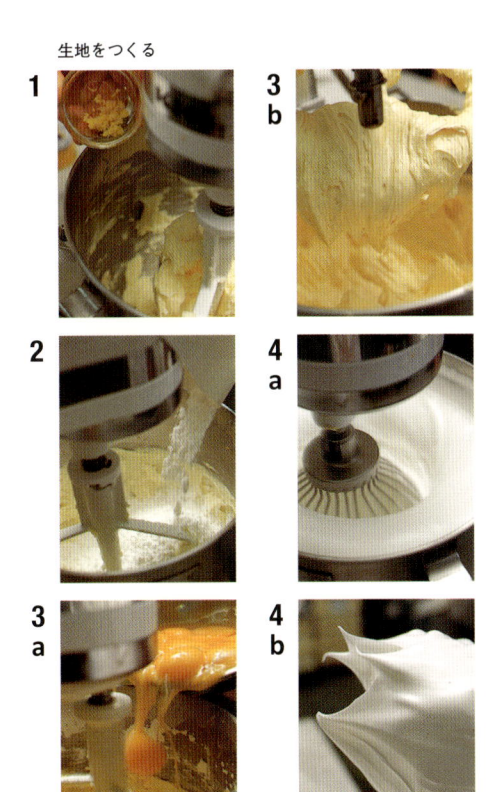

準備
直径24cm円形のシャブローネ(型)を用意する。

生地をつくる
1　ボウルにバター、すりおろしたレモンの皮、バニラビーンズを加えて撹拌する(**1**)。
2　ポマード状になったら、小麦澱粉を加える(**2**)。
3　軽く混ぜ、卵黄を少しずつ加えながら、中速で撹拌を続ける(**3a**)。ていねいに乳化させる(**3b**)。
4　別のボウルに卵白を入れ、塩、砂糖を加えて泡立てる。砂糖は全量を最初に加える。ボリュームが出たら高速回転から中速に替え、泡を引き締める(**4a**)。角が立つほど、しっかりしたアイシュネーに立てる(**4b**)。

5 3の生地に泡立った4のアイシュネーの1/3量を加えて、混ぜ合わせる(犠牲のアイシュネー)(**5**)。

6 5をへらで混ぜながら、薄力粉を少しずつ加える。底から生地をすくうように、粉気がなくなるまで切り混ぜる。練らないこと(**6**)。

7 残りのアイシュネーを加えて、泡をつぶさないようにへらを底から立ててすくうような動きで混ぜ合わせる(**7a**)。なめらかに混ぜ合わせればよい(**7b**)。

8 オーブンペーパーを敷いた鉄板の上に直径24cmのシャブローネを置き、7のヘレン生地をすり込むようにならして、円形に抜く。同様に5枚つくる(**8**)。

9 200℃のオーブンで下火8分間、上火を点けて8分間焼成する(**9**)。

ヴァインクレメをつくる

1 鍋に白ワインを注ぎ、レモン果汁を合わせる。塩、すりおろしたレモンの皮、砂糖の2/3量を加える(**1**)。
2 ボウルに卵黄を入れ、残りの砂糖1/3量を加え、溶きほぐす(**2**)。
3 2に小麦澱粉を加える(**3a**)。よく混ぜ合わせる(**3b**)。
4 1を火にかける。ホイッパーで混ぜながら加熱し、沸騰したらマジパンローマッセを加える。全体をよく混ぜ、ダマにならないようにする(**4**)。
5 4が沸いたら、少量を3に加えて、なめらかにする。
6 4に5を加えてなめらかになるまで混ぜる(**6a**)。混ぜ上がり(**6b**)。冷まさず、熱いうちに仕込みに使う。

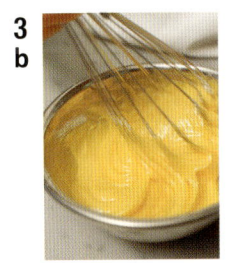

組み立て

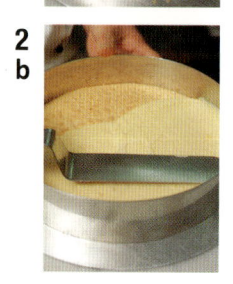

1 直径24cmのセルクルで切り抜いたミュルベタイクにアンズジャムをぬり、セルクルに敷く。上に1枚目のヘレン生地を重ねる。焼き面が上(**1**)。
2 温かいヴァインクレメを**1**の上にのばす。1枚あたり180g(**2a**、**2b**)。
3 上にヘレン生地を重ねる。**2**、**3**を繰り返して段を重ねる(**3**)。
4 最後の5枚目のヘレン生地は焼き面を下にして重ねる(**4a**)。重しをして押さえ、セルクルいっぱいの高さに整える(**4b**)。

ガナッシュクリームをつくる

クーベルチュールチョコレートに沸かした牛乳を注いで溶かす。よく混ぜて、いったん冷ます。

仕上げ

1 型を静かにはずす。冷たいガナッシュクリームをビーターで立てて、トルテ全体にぬる(**1a**、**1b**)。
2 湯せんで温めたガナッシュクリームを全体にかける。表面をならす(**2**)。
3 完全に乾かないうちに、ローストした16割アーモンドをすそに飾りつける(**3**)。
4 12等分の印をつけ、チョコレートで描いた「H」の文字を飾る。

Johannisbeerbaisertorte
ヨハニスベアベゼートルテ

赤スグリの実と泡立てた卵白を混ぜ合わせて焼く。
表面に焼き色をつけるだけなので、内部はふわふわとしている不思議なトルテ。
甘酸っぱく、やや苦みがある果実がプチっと弾ける。

サイズ　24cmリング型1台分
[トルテ台]
ミュルベタイクボーデン(20ページ) —— 1枚
クーベルチュールチョコレート —— 適量
ヴィーナーボーデン(14ページ) —— 1枚

[ベゼーマッセ]（合計=1008g）
砂糖　Zucker —— 160g
卵白　Eiweiß —— 190g
粉ゼラチン　Gelatine —— 8g　*4倍の水で戻す
コアントロー(酒)　Cointreau —— 25g
赤スグリ果実(生)　Johannisbeeren —— 625g

[飾り]
ローストしたアーモンドスライス —— 適量

準備

- ミュルベタイクを厚さ5mmにのばしてピケし、180℃で20分間焼く。直径24cmのセルクルで切り抜き、溶かしたクーベルチュールチョコレートをぬる。24cmのセルクルに敷く。同じサイズのヴィーナーボーデンを1cmの厚さにスライスして重ね、トルテ台とする（**a**）。
- 赤スグリ（ヨハニスベア）は1粒ずつ房からはずす（**b**）。

ベゼーマッセをつくる

1　ボウルに卵白を入れ、砂糖全量を加えて、泡立て始める。角が立つほどしっかりしたアイシュネーになるまで泡立てる。
2　別のボウルに粉ゼラチンを4倍の水でふやかしておく。
3　アイシュネーのうち少量を**2**に加えて、混ぜる。さらにコアントローを加える（**3**）。
4　残りのアイシュネーに**3**を戻し入れ、混ぜ合わせる。小さいボウルに少量を取りおく（仕上げ時に使う）。
5　本体分のアイシュネーに赤スグリを混ぜ合わせる。生地のできあがり（**5**）。

型に流す

1　用意したトルテ台にベゼーマッセを型いっぱいまで流す（**1**）。
2　表面を平らにならす（**2**）。

焼成

250℃のオーブンで2〜3分間、表面に焼き色がつくまで焼成する。

仕上げ

取り置いたベゼーマッセを側面にぬり、ローストしたアーモンドスライスをまぶす。

Baisertorte mit Himbeersahnecreme
ヒンベアザーネのベゼートルテ

泡立てた卵白に粉糖を加えて絞り出し、
生地を低温でじっくり焼き上げる。
表面にも粉糖をかけて軽くネチっとした食感を楽しむ。

サイズ 24cm1台分
[トルテ台]
ミュルベタイクボーデン(20ページ) —— 1枚
ラズベリージャム Himbeerkonfitüre —— 30g

[ベゼーマッセ](合計=413g)
卵白 Eiweiß —— 165g
砂糖 Zucker —— 165g
粉糖 Puderzucker —— 83g

[ヒンベアザーネ](合計=785g)
ラズベリー(生) Himbeeren —— 230g
ヒンベアガイスト(酒) Himbeergeist —— 10g
生クリーム Sahne —— 500g
砂糖 Zucker —— 25g

[飾り]
ラズベリー(生) Himbeeren —— 20g

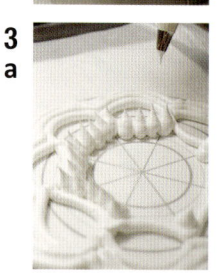

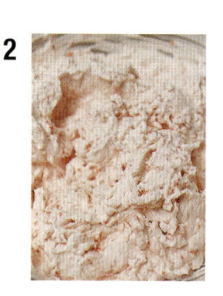

ベゼーマッセをつくる

1 ボウルに卵白を入れ、少しほぐして、砂糖の全量を加える。撹拌し、しっかり泡立てる。
2 泡立ったアイシュネーに粉糖を加えて、混ぜ合わせる。艶が出てコシの固いベゼー生地になる(**2**)。
3 7番の丸口金をつけた絞り出し袋に入れ、天面に使う分は型紙に合わせてレース模様に絞る(**3a**)。底と中面の2枚は花形をぬりつぶす(**3b**)。
4 天面のみ表面に粉糖をふる。粉糖をふると食感がソフトに仕上がり、ベトつかない。ふらずに焼くとカリッと乾いた食感に仕上がる。
5 105℃～110℃のオーブンで約3時間じっくりと焼成する(**5a、5b**)。

組み立ての準備

ベゼーよりひと回り小さい直径のセルクルでミュルベタイクボーデンを切り抜き、ラズベリージャムをぬる。

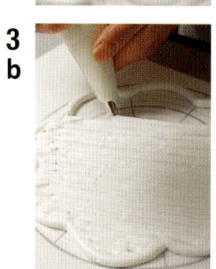

ヒンベアザーネをつくる

1 ボウルに生のラズベリーを入れて、ヒンベアガイストを加えて果実をつぶす。砂糖を加えて泡立てた生クリームを少量加えて、よく混ぜ合わせる(**1**)。
2 果実の大きな粒がなくなったら、残りの生クリームをすべて加えて混ぜ、絞り出し袋に詰める(**2**)。

組み立て

1 ミュルベタイクボーデンの上に底面用のベゼーを重ねる(**1**)。
2 花形のやや内側一面にヒンベアザーネを絞り出す(**2**)。
3 2枚目のベゼーを重ね、2と同様にヒンベアザーネを絞る。
4 天面用のベゼーを重ね、粉糖をふる。位置にヒンベアザーネを絞る(**4**)。
5 ラズベリーを飾る。中央の空いた円内にもラズベリーを飾る(**5**)。

Fürst-Pückler-Sahnetorte

フュルストピュックラー ザーネトルテ

ピュックラー侯爵のためにつくられた三色アイスクリームが原点。
愛らしいチョコレートドームの中に、
バニレ、ヒンベア、ショコの3つの味が隠れている。

サイズ　24cm1台分
[トルテ台]
ミュルベタイクボーデン（20ページ）──1枚
ヴィーナーボーデン（14ページ）──3枚
＊1cmの厚さ
ヴィーナーボーデン ショコラーデ
　（16ページ）──1枚
＊1cmの厚さ

[シュラークザーネ(a)]
生クリーム　Sahne──600g
砂糖　Zucker──30g

[ショコラーデンザーネ]（合計＝200g）
シュラークザーネ（aより）　Schlagsahne──140g
チョコレートガナッシュ　Ganache──60g
＊クーベルチュールを1/2量の沸かした牛乳で溶かす

[バニレクレメザーネ]（合計＝200g）
シュラークザーネ（aより）　Schlagsahne──140g
バニレクレメ（29ページ）──60g

[ヒンベアザーネ]（合計＝175g）
シュラークザーネ（aより）　Schlagsahne──140g
ラズベリージャム　Himbeerkonfitüre──30g
ヒンベアガイスト（酒）　Himbeergeist──5g

シュラークザーネ（aより）　Schlagsahne──45g
マジパンローマッセ　Marzipanrohmasse──500g

[仕上げ]
クーベルチュールチョコレート　Kuvertüre──450g

[飾り]
シュラークザーネ（aより）
　…カット分の数を絞り出す（12箇所）
ラズベリー（生）
　…絞り出した生クリームの上に飾る（12個）
ローストしたアーモンドスライス──適量

準備

a

準備
ミュルベタイクボーデンを直径24cmのセルクルで切り抜き、ラズベリージャムをぬる。同じ直径のヴィーナーボーデン ショコラーデを厚さ1cmにスライスして重ね、トルテ台とする（**a**）。

シュラークザーネの準備
生クリームに砂糖を加えて泡立てる。

ショコラーデンザーネ
湯せんで柔らかくしたクーベルチュールチョコレートにシュラークザーネを加えて混ぜる。

ヒンベアザーネ
ラズベリージャムとシュラークザーネ、ヒンベアガイストを混ぜ合わせる。

バニレクレメザーネ
バニレクレメとシュラークザーネを混ぜ合わせる。

組み立て

1 用意したトルテ台にショコラーデンザーネをぬり広げる(**1a**)。中心部は少しうず高く盛る(**1b**)。
2 プレーンのヴィーナーボーデンを重ねる(**2**)。
3 バニレクレメザーネを**2**の上にドーム状に盛る(**3a**、**3b**)。
4 2枚目のヴィーナーボーデンを重ねる。中心部が高くなっているので、端が浮かないように、しっかり押さえる(**4**)。
5 ヒンベアザーネを全体にぬり、中央部はドーム状に高く盛る(**5a**、**5b**)。
6 3枚目のヴィーナーボーデンを重ねる。端はしっかり密着させる(**6**)。
7 シュラークザーネを全体に薄くぬる(**7a**、**7b**)。
8 マジパンローマッセを厚さ2mm、直径30cm程度の円形にのばす。のばす時には粉糖をまぶし、台や麺棒につくのを防ぐ。のばしたマジパンローマッセで**7**をぴったりとおおう(**8**)。
9 ナイフで余分なマジパンを切り、取りのぞく(**9**)。
10 ふちを手で押さえて密着させる。きれいなドーム状に整える(**10**)。

仕上げ

1a

1b

2

4

仕上げ

1　湯せんで溶かしたクーベルチュールチョコレートをノンテンパリング状態でかける(**1a**)。パラフィン紙で大胆にチョコレートを動かし、なめらかにテンパリングさせながら、ぬり広げる(**1b**)。
これにより薄く光沢のあるチョコレート膜ができる。テンパリングをしたチョコレートをかけると膜が厚くなりすぎる。ドーム形のトルテの上でテンパリングを行なうこの作業は難しい。

2　すそにローストした16割アーモンドを飾りつける(**2**)。

3　チョコレートが柔らかいうちに、12等分の位置に印をつける。

4　12箇所にシュラークザーネを絞り出し、上にラズベリーを飾る(**4**)。

Anmerkung

ヘルマン・フォン・ピュックラー＝ムスカウ侯爵(のちに伯爵)は19世紀の貴族ですぐれた造園家でもあり、ムスカウ庭園は有名である。冒険心のある人物だったが、そんな彼が好んでつくらせたのが有名なバニラ味、イチゴ味、チョコレート味の三色アイスクリーム。トルテにも翻案され、三色クレメのフュルストピュックラーザーネトルテになった。ベリーはイチゴでもラズベリーでもかまわない。

Heidelbeer-Sahneschnitte
ハイデルベア ザーネシュニッテ

長方形に仕込んで小さく切るシュニッテは
パーティなどでも配りやすいカットケーキ。
ブルーベリーのほかに季節のフルーツでもよい。

サイズ　35×8×4.5cmの型1本分
　　4cmカットで8個取り
［シュニッテン台］
ミュルベタイクボーデン(20ページ) —— 1枚
クーベルチュールチョコレート —— 適量

［ハーゼルザントマッセ］(合計=501g)
全卵　Vollei —— 200g
砂糖　Zucker —— 95g
薄力粉　Weizenmehl —— 80g
ローストしたハーゼルヌスパウダー
　　Haselnüsse, geröstet, gerieben —— 55g
シナモンパウダー　Zimtpulver —— 1g
溶かしバター　Butter, flüssig —— 70g

［ハイデルベアザーネ］(合計=455g)
卵黄　Eigelb —— 40g
砂糖　Zucker —— 45g
牛乳　Milch —— 25g
バニラビーンズ　Vanilleschote —— 1/4本
塩　Salz —— 1g
生クリーム　Sahne —— 230g
粉ゼラチン　Gelatine —— 4g
＊4倍の水で戻す
ブルーベリーコンポート　Heidelbeerkompott
　　 —— 110g
ブルーベリー果実(生)　Heidelbeern —— 240g

［上がけゼリー］
アガー　Agar-Agar —— 5g
砂糖　Zucker —— 30g
水　Wasser —— 75g
白ワイン　Weißwein —— 25g

［飾り］
泡立てた生クリーム(無糖) —— 適量
ローストしたスライスアーモンド —— 適量

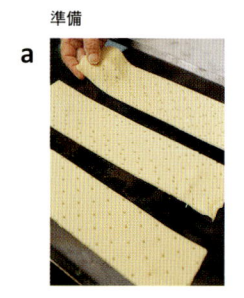

準備

● ミュルベタイクをのばし、パイローラー等でピケして、型のサイズに切り抜く。180℃のオーブンで20分間焼く(**a**)。
● 薄力粉、ハーゼルヌスパウダー、シナモンパウダーを合わせる。

ハーゼルヌスザントマッセをつくる

1 ボウルに全卵、砂糖を入れ、中高速で白くもったりするまで泡立てる。へらから落としてみて、リボン状になればよい。
2 1に粉類を少しずつ加えながら、混ぜ合わせる(**2**)。
3 溶かしバターを、へらの上から加え、なめらかに混ぜる。
4 敷き紙を敷いた鉄板に生地を流し、表面を平らにならす(**4**)。
5 180℃のオーブンで20分間焼成する。色よく焼き上げる(**5**)。

組み立ての準備

● 冷ましたハーゼルヌスザントマッセのボーデンを型のサイズに2枚切る(**a**)。
● ミュルベタイクに溶かしたクーベルチュールチョコレートをぬる(**b**)。上にハーゼルヌスザントマッセのボーデンを1枚重ね、型に敷いてシュニッテン台とする。

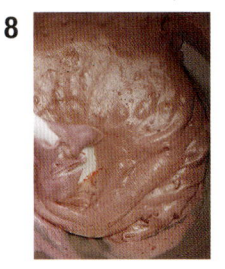

ハイデルベアザーネをつくる

1　卵黄に砂糖の1/2量をすり混ぜる。
2　塩、バニラビーンズを**1**に加えて混ぜる。
3　**2**に温めた牛乳、残りの砂糖1/2量を加えて混ぜ、火にかける。
4　粘りが出るまで加熱したら、火からおろし、ボウルに移す。氷にあてて、粗熱を取る。
5　別のボウルで生クリームを泡立てる(砂糖は入れない)。4倍の水で戻したゼラチンを加える。
6　**4**に**5**の泡立てた生クリームを少量加えて、混ぜる。
7　**5**の生クリームに**6**を戻し入れる。軽く混ぜ合わせる。
8　ブルーベリーコンポートを**7**に加えて、混ぜ合わせる(**8**)。

組み立て

1　用意したシュニッテン台にクレメを流す(**1**)。
2　型の高さより5mm低い位置までクレメを入れ、2枚目のボーデンを重ねる(**2**)。
3　**2**の上からクレメをぬり、型から少し低い位置ですり切る。冷蔵庫で冷やし固める(**3**)。
4　天面にブルーベリー果実をすき間なく敷きつめる(**4**)。
5　水とワインを沸かし、アガーを加えて煮溶かし、粗熱をとって、**4**のブルーベリーの上からぬる(**5**)。
6　冷蔵庫で冷やし固める。

仕上げ

アガーが固まったら型から抜く。すそに泡立てた生クリームを細く絞り、ならす。その位置にローストしたスライスアーモンドを飾る。

Schokoladen-Sahneschnitte
ショコラーデン ザーネシュニッテ

チョコレートトルテのシュニッテ版。
カカオパウダーとチョコレートのビターな組合せ。
マジパンとナッツの香りが奥行きを与える。

サイズ　35×8×4.5cmの型1本分
　4cmカットで8個取り
［シュニッテン台］
ミュルベタイク(20ページ) —— 1枚
ラズベリージャム —— 30g

［マジパンヌスカカオマッセ］（合計＝402g）
マジパンローマッセ　Marzipanrohmasse —— 50g
塩　Salz —— 1g
水　Wasser —— 20g
卵黄　Eigelb —— 50g
卵白　Eiweiß —— 100g
砂糖　Zucker —— 80g
薄力粉　Weizenmehl —— 30g
シナモンパウダー　Zimtpulver —— 1g
カカオパウダー　Kakaopulver —— 30g

ローストしたハーゼルヌスパウダー
　　Haselnüsse, geröstet, gerieben —— 40g

［ショコラーデンザーネクレメ］
生クリーム　Sahne —— 400g
粉糖　Puderzucker —— 30g
塩　Salz —— 1g
シャルトリューズ　Chartreuse —— 6g
溶かしたクーベルチュール
　　Kuvertüre, flüssig —— 60g
削ったクーベルチュール
　　Kuvertüre, gehackt —— 50g

［飾り］
削ったクーベルチュール —— 適量
カカオパウダー —— 適量

準備

● ミュルベタイクをのばし、パイローラー等でピケして、型のサイズに切り抜く。180℃のオーブンで20分間焼く。
● 薄力粉、カカオパウダー、ハーゼルヌスパウダー、シナモンパウダーを合わせる。

マジパンヌスカカオマッセをつくる

1　ボウルにマジパンローマッセ、塩、水を合わせ、柔らかくすり混ぜる。
2　卵黄を少しずつ加え、白くなめらかになるまで、泡立てる。
3　別のボウルに卵白を入れ、砂糖を加えて、しっかりしたアイシュネーに泡立てる。
4　**2**に**3**のアイシュネーの1/3量を加えて、混ぜ合わせる。完全に混ざりきる前に、粉類を少しずつ加えて混ぜ合わせる。
5　残りのアイシュネーに**4**を戻し入れ、泡をつぶさないようにさっくりと混ぜる(**5**)。
6　敷き紙を敷いた鉄板に生地を流し入れ、平らにならす(**6a**)。180℃のオーブンで20分間焼成する(**6b**)。

組み立ての準備

● ミュルベタイクにラズベリージャムをぬる。
● 冷ましたマジパンヌスカカオマッセのボーデンを型のサイズに2枚切る。1枚はミュルベタイクの上に重ね、型に敷いてシュニッテン台とする(**a**)。

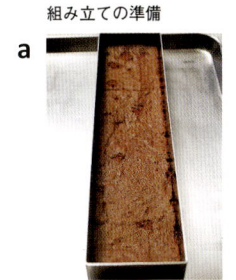

ショコラーデンザーネクレメをつくる

1　ボウルに生クリーム、粉糖、塩、シャルトリューズを合わせて、しっかり泡立てる。
2　湯せんで溶かしたクーベルチュールチョコレートに少量の**1**を合わせる。よく混ぜて、乳化させる。
3　**1**のボウルに**2**を戻し入れ、混ぜ合わせる。
4　削ったクーベルチュールチョコレートを**3**に混ぜる(**4**)。

組み立て

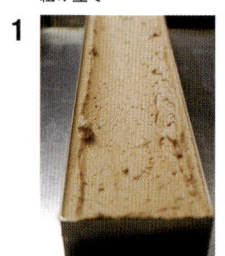

1 用意したシュニッテン台にショコラーデンザーネクレメを流す。型の高さの5mmほどを残して入れ、型の端にクレメを引きつけるようにぬり、中央を凹ませる(ボーデンを包み込む)(**1**)。
2 2枚目のマジパンヌスカカオマッセのボーデンをぴったりと重ねる(**2**)。
3 **2**の上からクレメをぬり、型いっぱいにすり切る。冷凍庫で冷やし固める(**3**)。

仕上げ

1 シュニッテを型から抜き、すそにショコラーデンザーネクレメを細く絞ってへらでならす。
2 削ったクーベルチュールチョコレートですそを飾る。
3 天面の飾りは、長辺から1cm内側に削ったチョコレートをまぶす(**3**)。
4 **3**と逆に、中央部を隠して、長辺から1cm幅にカカオパウダーをふりかける(**4a**)。こうすると表面の飾りを振り分け、立体的に飾ることができる(**4b**)。

Quark-Sahneschnitte
クワルク ザーネシュニッテ

ケーゼザーネトルテのシュニッテ版。
形と大きさの違いは食感に表れている。
サクッとした生地を感じる小さな生菓子。

サイズ 35×8×4.5cm1本分
　4cmカットで8個取り

[シュニッテン台]
ミュルベタイク(20ページ) ── 1枚
アンズジャム ── 30g
ラム酒浸けのサルタナレーズン ── 15g

[ヴァルヌスザントマッセ]（合計=461g）
全卵　Vollei ── 150g
砂糖　Zucker ── 90g
すりおろしたレモンの皮
　　geriebene Zitronenschale ── 1/4個分
塩　Salz ── 1g
クルミパウダー　Walnüsse, gerieben ── 35g
薄力粉　Weizenmehl ── 80g
溶かしバター　Butter, flüssig ── 45g

[クワルクザーネクレメ]（合計=410g）
卵黄　Eigelb ── 25g
牛乳　Milch ── 30g
砂糖　Zucker ── 50g
塩　Salz ── 1g
すりおろしたレモンの皮
　　geriebene Zitronenschale ── 1/4個分
粉ゼラチン　Gelatine ── 2g
＊4倍の水で戻す
ラム(酒)　Rum ── 2g
クワルクチーズ　Quark ── 150g
生クリーム　Sahne ── 150g

[飾り]
泡立てた生クリーム(無糖) ── 適量
ローストした16割アーモンド ── 適量
軽くローストしたピスタチオ ── 適量

コラム　ドイツ菓子とは何か ③

カフェ・ケーニッヒ
Café König
Lichtentaler Str.12 76530 Baden-Baden

グマイナーさんはトルテとチョコレート菓子が得意。毎年冬になるとクリスマスギフト向けのチョコレートにも力を入れる。

ドイツ有数の保養地バーデン=バーデン
現代ヨーロッパの洗練とドイツらしさ

黒い森シュヴァルツヴァルドの北に、バーデン=バーデンがある。ヨーロッパ有数の温泉保養地として知られるこの町には、いまも昔も各国から観光客が訪れる。フランスにも近いが、最近ではロシアの富裕層の姿もよく見られる。町の中心部にある「カフェ・ケーニッヒ」を、2003年にいまのオーナーであるフォルカー・グマイナーさんが譲り受けた時には、老人客ばかりの店だったが、いまでは老若男女に愛されるカフェ-コンディトライだ。ウイーンやロンドンで修業を経験した若いオーナーが、現代らしい菓子をつくるようになり、店全体が若返った。

「少しフランス菓子寄りにしたのです。バーデンバーデンは外国のお客さまも多いですしね。でも」とグマイナーさんは続ける。「常連客のことを考えて、すぐに原点回帰。ドイツトルテに集中することにしたのです」

フランス菓子は魅力があるが、ドイツ菓子のモダンはまた、それとは違うものだという。「ドイツトルテは4つの味が基本です。酸味、苦み、砂糖の甘み、そして塩。テクスチャも大切です。音楽を指揮するように、それらの味を合わせていくところが魅力だと思いますね。ドイツの生クリームのふわっとした軽さも、くだものの水分も感じてほしい。まあ、生クリームが本当に軽いから、フランスの人たちには空気を食べているみたいと言われますが」そう言って、グマイナーさんは明るく笑う。

グマイナーさんの本拠地はバーデン=バーデンから車で1時間ほど離れたオッフェンブルグ。実家の菓子店を継いで経営者になった。1980年代にオッフェンベルグには6軒のカフェ-コンディトライがあったが、いまはグマイナーさんの店だけになった。それでも新しいチョコレート商品の仕事や、新店の開業など意欲的に活動している。もちろん味の探求にも余念がない。土地柄か何十種類もの配合を試したことがあるという定番シュヴァルツヴェルダーキルシュトルテは、キルシュの実をそのまま生地に並べる父親の手法から、ゆるやかなゼリーでキルシュをまとめ、チョコレートムースと組み合わせる現在のスタイルへ進化させた。また、彼のオリジナルとして、焼き菓子のスパニッシャーバニレトルテを翻案したトルテをつくり、明るい緑色のチョコレート飾りを載せてみた。「緑色である必要は特にないのですが。妻がショウケースは茶色と赤ばかりだから緑がいいと言うので」とグマイナーさんは秘密を明かす。高級で難解なデコレーションは好きではなく、わかりやすい手づくり感が大切だと思っている。奥さまのアドバイスした緑色のスパニッシャーバニレトルテは、いまやカフェ・ケーニッヒの人気商品。ヨーロッパの洗練と手づくり感とが共存する、ドイツトルテはなかなか懐が深い。

コラム ドイツ菓子とは何か

組み立て

1 内側にフィルムを貼った型を用意する。底に1cmのショコヴィーナーボーデンを敷く。
2 ショコラーデンムースを袋に入れて、型とヴィーナーボーデンの間に絞り出す。ヴィーナーボーデンの上にも絞り、表面をならす(**2**)。
3 二重円を描くようにショコラーデンムースを絞る(**3**)。
4 ショコラーデンムースの間にフュルングを絞り出す(**4**)。
5 プレーンのヴィーナーボーデンを重ねる(**5**)。
6 シロップAをかける(**6**)。
7 キルシュヴァッサー風味の生クリームをつくる。水を沸かし、キルシュヴァッサーと粉ゼラチンを加えて熱する。泡立てた生クリームを加えて混ぜ、残りの生クリームに戻して混ぜ合わせる(**7**)。
8 **6**の上に**7**のクリームをのせ、ならす(**8**)。
9 上段用の5mmのショコヴィーナーボーデンをのせ、シロップBをかける(**9**)。
10 **9**の上に**7**の生クリームをのせ、ならす(**10**)。
11 紙をのせ、冷凍して固める(**11**)。

仕上げ

1 直径24cmのミュルベタイクボーデンにラズベリージャムをぬり、冷凍したトルテを重ねる(**1**)。
＊フィルムを使っているので2層がきれいに分かれている。
2 紙がついて凹凸ができるため、温めたヘラで表面をならしてきれいに整え、14等分の印をつける。
3 キルシュヴァッサー風味の生クリームを丸口金で絞る(**3**)。
4 削ったクーベルチュールチョコレートを中央に飾る(**4**)。
5 高い位置から粉糖をふりかけて、雪を表現する(**5**)。
6 木の形の飾りチョコレート、1/2にカットしたサクランボを飾る(**6**)。

【カフェ・ケーニッヒ】
Spanischer Vanille Torte
スパニシャーバニレトルテ

一般的なスパニシャーバニレトルテは焼き込みタイプ。
生トルテに仕立てたのはグマイナー氏のオリジナルである。
クーベルチュールチョコレートの扱いを得意とするだけに、
生地にチョコレートを加えながらコクと軽い酸味を生み出した。

サイズ　26cmトルテ型
[スパニシャーボーデン] 11台44枚取り (合計 = 7150g)
卵白　Eiweiß ── 2160g
砂糖　Zucker ── 1500g
塩　Salz
卵黄　Eigelb ── 1440g
バニラビーンズ　Vanilleschote ── 20g
液体バニラ　Vanille, flüssig ── 30g
小麦粉　Weizenmehl ── 1000g
クーベルチュール(グアナラ)　Guanaya-Kuvertüre
　── 500g
アーモンドパウダー　Mandeln, gerieben ── 500g

[スパニシャーバニレクレメ] 10台分 (合計 = 12150g)
塩　Salz
牛乳　Milch ── 5600 g
砂糖　Zucker ── 2500 g

クレームプルファー(カスタードパウダー)
　Cremepulver ── 750 g
卵黄　Eigelb ── 800 g
バニラビーンズ　Vanilleschote ── 10本分
バター　Butter ── 1250g
バター(2回目)　Butter ── 1250g

[仕上げ] 1台分
プレーンなボーデン(直径24cm厚さ5mm)
　Boden ── 1枚
ラズベリージャム　Himbeerkonfitüre
ブッタークレメ　Buttercreme
クーベルチュール(削る)
マジパンローマッセ(緑色に着色)
飾り用チョコレート

生地をつくる

1 チョコレート入りの別立て生地をつくる。卵白に砂糖の半量と塩を加えてメレンゲをつくり、卵黄に砂糖の半量とバニラを加えて泡立てたところへ合わせる。
2 小麦粉、アーモンドパウダー、削ったチョコレートを加えて生地をつくり、トルテの直径に合わせて薄く焼く(**2**)。
＊軽く仕上げるため、バターは加えない。
＊チョコレートの入らないプレーンなボーデンを底用に用意する。

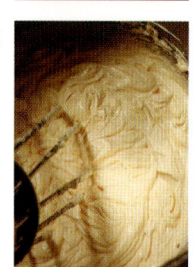

クレメをつくる

1 バニレクレメをつくる。卵黄と砂糖をすり混ぜたところへ、塩とバニラビーンズを加えて温めた牛乳を合わせ、再度加熱する。クレームプルファーを加えて粘度を出す。(**1**)。
2 バターをビーターで混ぜ、白っぽくポマード状になるまで立てる(**2a**)。バニレクレメを加えて混ぜ、冷蔵庫で冷やし固める(**2b**)。
3 冷めた2のクレメをボウルに入れて撹拌し、柔らかくなったところへバター(2回目)を加えて混ぜ合わせる。ボリュームが出るようにムラなく混ぜる(**3**)。

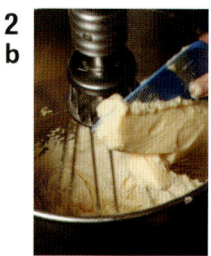

組み立て

1 円形の紙の上に型をおき、ボーデンを1枚敷く。クレメをのせる。スパチュラで均一にならす(**1**)。
2 上から2枚目のボーデンを重ねる。これを繰り返し、4段分を重ねる(**2**)。
3 4段目を重ねると型から少しはみ出すが、手でリングの高さまで押す(**3**)
4 紙をのせ、鉄板で重しをする。これにより生地とクレメを密着させる。冷凍し、固める(**4**)。

仕上げ

1 プレーンなボーデンを底用に用意し、ラズベリージャムをぬる。ジャムは何でもよい（**1**）。
2 冷凍したトルテの底に**1**をつけて型をぬく（**2**）。
3 バターにバニレクレメを加えた基本のブッタークレメを用意し、全体にぬる（**3**）。
4 すそに削りチョコレートを飾る（**4**）。
5 緑色のマジパンの円形にのばしてナイフで14等分し、のせる（**5**）。
6 中央にピスタチオ、マジパンの上にはブッタークレメを絞り、チョコレートを飾る（**6**）

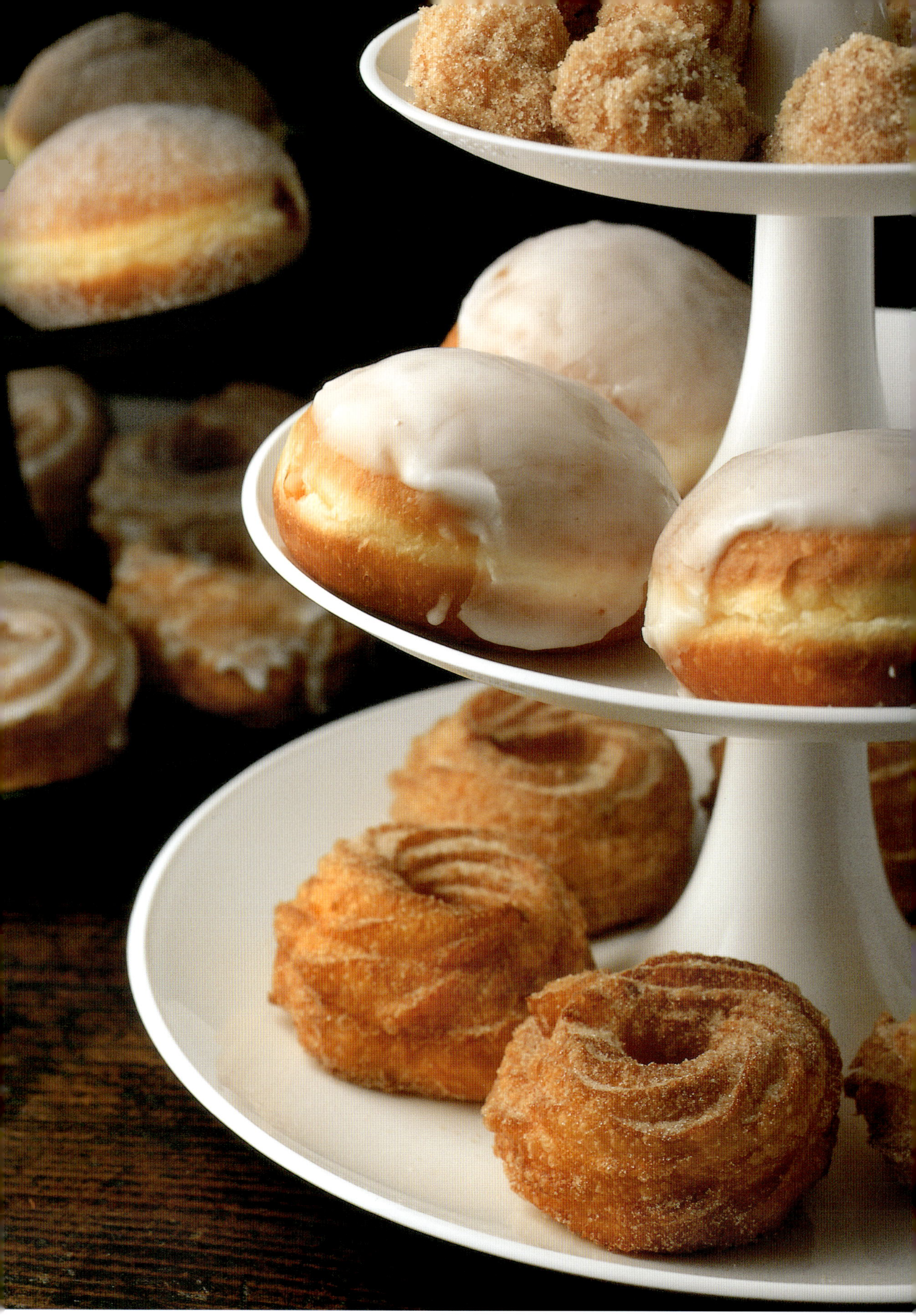

Kapitel 6

Traditionelle Süßwaren und Lebkuchen

個性的な生地の伝統菓子

Rehrücken
レーリュッケン

あばらのようなうね、アーモンドが突き出た個性的な形は、
ノロジカの背肉料理を表している。
オーストリアの伝統菓子のひとつ。

サイズ　30cmレーリュッケン型1台分
[レーリュッケン生地]（合計=582g）
卵黄　Eigelb――80g
卵黄に対する砂糖　Zucker――50g
オレンジの皮　Abrieb von Orange――1個分
卵白　Eiweiß――120g
塩　Salz――2g
卵白に対する砂糖　Zucker――100g
薄力粉　Weizenmehl――30g
アーモンドパウダー　Mandeln, gerieben――150g
ブルーゼル　Brösel――50g

[コーティング]
アンズジャム　Aprikosenkonfitüre――100g
クーベルチュールチョコレート
　Kuvertüre――200g
スリバードアーモンド
　Mandelsplitter――100g

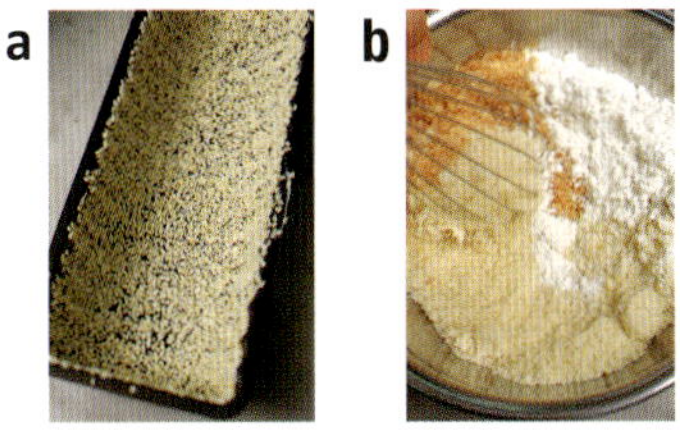

準備

- レーリュッケン型にバターをぬり、16割アーモンドを内側の全面にまぶしつける(**a**)。
- アーモンドパウダー、薄力粉、ブルーゼルは合わせる(**b**)。

生地をつくる

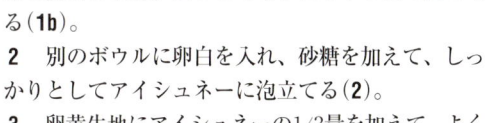

1 ボウルに卵黄を入れてほぐし、オレンジの皮、砂糖を加える(**1a**)。白っぽくもったりするまで泡立てる(**1b**)。

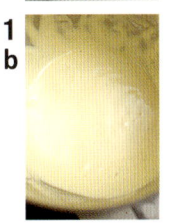

2 別のボウルに卵白を入れ、砂糖を加えて、しっかりとしてアイシュネーに泡立てる(**2**)。

3 卵黄生地にアイシュネーの1/3量を加えて、よく混ぜる(**3**)。

4 さらに1/3量のアイシュネーを加えて、さっくりと混ぜ、まだ白いアイシュネーが残るうちに、粉類を少しずつ加えて混ぜ合わせる(**4**)。

5 粉類をすべて混ぜる前に、残り1/3量のアイシュネーを加える。

6 残りの粉類を加え、全体を混ぜ合わせる(**6**)。

型に流す

用意した型の中央からへらで生地を流し入れる。左右の凹凸に生地がしっかりと入るようにへらで押し込み。型の高さいっぱいまで生地を流す。

焼成

1 190℃のオーブンで約25分間焼成する。

2 焼き上がったら網を重ねて天地を裏返し、型のまま粗熱を取る。粗熱が取れたら型からはずして、冷ます。

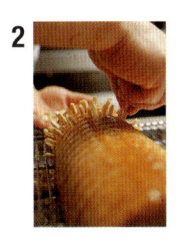

仕上げ

1 アンズジャムを温めて、必要なら水で濃度を調整し、しみ込まない程度の固さにする。冷めたレーリュッケン本体にぬる(**1**)。

2 ローストしたスリーバードアーモンドを交互に刺しこむ(**2**)。

3 湯せんで溶かしてテンパリングしたクーベルチュールチョコレートを上からかける(**3**)。

4 チョコレートが完全に固まってから、温めたナイフで切れ目を入れ、ポーションに切り分ける。

Mohrenkopf
モーレンコプフ

ムーア人の頭という名前の菓子。
軽い生地ビスクイートマッセは日本の丸ぼうろに似る。
クリームをたっぷりはさんだドイツ人好みのおやつだ。

サイズ　直径5cm　7個取り

[ビスクイートマッセの生地]　（合計＝501g）
卵黄　Eigelb —— 100g
水　Wasser —— 10g
卵黄に対する砂糖　Zucker —— 35g
すりおろしたレモンの皮
　geriebene Zitronenschale —— 1/2個分
バニラビーンズ　Vanilleschote —— 1/2本
卵白　Eiweiß —— 180g
卵白に対する砂糖　Zucker —— 65g
塩　Salz —— 1g
薄力粉　Weizenmehl —— 55g
小麦澱粉　Weizenpuder —— 55g

[上がけチョコレートの材料]
クーベルチュールチョコレート
　Kuvertüre —— 100g
カカオバター　Kakaobutter —— 20g

[シュラークザーネの材料](a)
生クリーム　Sahne —— 500g
砂糖　Zucker —— 50g

[ヒンベアザーネの材料]
シュラークザーネ(a)　Schlagsahne —— 500g
ラズベリージャム　Himbeerkonfitüre —— 50g

[ショコラーデンザーネの材料]
シュラークザーネ(a)　Schlagsahne —— 500g
クーベルチュールチョコレート
　Kuvertüre —— 100g

[飾り]
フリーズドライラズベリー…ヒンベアザーネをはさんだモーレンコプフの表面に飾る
ローストしたピスタチオ…砕いてショコラーデンザーネをはさんだモーレンモプフの表面に飾る
削ったクーベルチュールチョコレート…ショコラーデンザーネをはさんだモーレンモプフの表面に飾る

準備
薄力粉と小麦澱粉はふるって合わせる。

生地をつくる
1　ボウルに卵黄を入れ、すりおろしたレモンの皮、バニラビーンズ、砂糖、水を加えてしっかり泡立てる。
2　別のボウルに卵白を入れ、塩、砂糖を加えて泡立てる。八分立て。
3　1が白っぽくボリュームが出たら、2のアイシュネーの1/3量を加えて混ぜ合わせる。薄力粉と小麦澱粉を加える(**3**)。
4　残りのアイシュネーに3を戻し入れ、混ぜ合わせる(**4a**)。ふんわりとなめらかな生地に仕上げる(**4b**)。

成形
1　12番の丸口金をつけた絞り袋に入れて、敷紙を敷いた鉄板に直径5cmのドーム形に絞り出す(**5**)。
2　小麦澱粉(分量外)を表面にふる。焼成時にひびわれさせず、つるりとしっかりした表面に焼き上げるため。

焼成
180℃のオーブンで20分間、扉を半開きにして焼成する。

仕上げ

1　クーベルチュールチョコレートを湯せんで溶かし、カカオバターを加える。
2　冷めた生地を1に浸けて、全面をチョコレートでコーティングする。網にのせて乾かし、チョコレートを固める(2)。
3　平らな面に好みのフュルングを絞り出す(3a)。適宜トッピングを散らす(3b)。もう1枚でサンドする(3c)。

◎ザーネフュルング
［シュラークザーネ］
5％の砂糖を加えて泡立てた生クリームを絞り、もう1枚でサンドする。

［ヒンベアザーネ］
シュラークザーネにラズベリージャムを加えて、生地に絞る。フリーズドライラズベリーをヒンベアザーネの上に散らし、もう1枚でサンドする。上面にもフリーズドライラズベリーを飾る。

［ショコラーデンザーネ］
シュラークザーネに溶かしたクーベルチュールチョコレートを混ぜ合わせて生地に絞り、もう1枚でサンドする。軽くローストして砕いたピスタチオと削りチョコレートを上面に飾る。

Mutzenmandeln
ムッツェンマンデル

アーモンド生地の揚げ菓子。
涙型でくり抜いて揚げ、
シナモンパウダーをまぶす。

サイズ　40個取り
[ムッツェンマンデル生地]（合計=440g）
薄力粉　Weizenmehl —— 200 g
粉糖　Puderzucker —— 80 g
バター　Butter —— 50 g
全卵　Vollei —— 70 g
アーモンドパウダー　Mandeln, gerieben —— 30 g
ラム（酒）　Rum —— 6 g
ベーキングパウダー　Backpulver —— 3g
塩　Salz —— 1g

[揚げ油]
油　Öl —— 適量

[仕上げ]
シナモンシュガー　Zimtzucker —— 適量

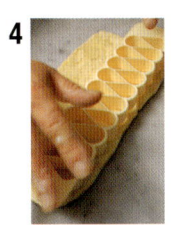

生地をつくる
1　粉糖、バター、ラム酒、塩を混ぜ合わせ、卵を加えて、すり混ぜる。
2　薄力粉、アーモンドパウダー、ベーキングパウダーを合わせ、1に加えて混ぜる(**2**)。
3　生地がまとまったら、ビニール袋に入れ、冷蔵庫で休ませる(**3**)。
4　生地を1cmの厚さに麺棒でのばし、ムッツェンマンデル型(ティアドロップ型)で抜く(**4**)。

揚げる
180℃に熱した油で揚げる。色よく揚げたら、油をよく切る。

仕上げ
シナモンシュガーをまぶす。

個性的な生地の伝統菓子

Spritzkuchen
シュプリッツクーヘン

ブランドマッセの揚げ菓子。
歴史の古い菓子のひとつで、
チュロスの原形。

サイズ　12個分
[ブランドマッセ]（合計＝1004g）
牛乳　Milch —— 200g
バター　Butter —— 120g
砂糖　Zucker —— 10g
塩　Salz —— 3g
水　Wasser —— 200g
薄力粉　Weizenmehl —— 200g
すりおろしたレモンの皮
　geriebene Zitronenschale —— 1/4個分
全卵　Vollei —— 270g

[揚げ油]
油　Öl —— 適量

[グラズーワの材料]
粉糖　Puderzucker —— 200g
水　Wasser —— 20g
ラム（酒）　Rum —— 10g

[シナモンシュガーの材料]
砂糖　Zucker —— 500g
シナモンパウダー　Zimtpulver —— 5g

ブランドマッセをつくる
1　鍋に牛乳、バター、砂糖、塩、水を入れ、沸かす。
2　薄力粉を加えながらへらでよく混ぜ、強火のまま、底に白い膜が貼るぐらいまで火を入れる（2）。
3　もったりとなるまで加熱した生地をボウルに移し、すりおろしたレモンの皮を入れ、卵を少しずつ加えて混ぜる。
4　へらから生地がゆっくり落ちるか落ちないかぐらいの固さになればよい（4）。

成形
1　持ち手をつけた画用紙を用意する。バターを表面にぬる。この面に生地を絞り出す。
2　8切12番口金で生地をリング形に絞り出す。指に水をつけて、絞った内側をなぞる。こうすると穴が縮まない（2）。

揚げる
1　画用紙のまま180℃に熱した油に投入し、静かに生地を油の中に浮かせる（1）。
2　両面を色よく揚げる（2）。

仕上げ
1　油を切って、上面にグラズーワをつける（1a、1b）。
2　またはシナモンシュガーをまぶす（2a、2b）。
＊グラズーワは材料を溶きのばす。

Spekulatius
スペクラチウス

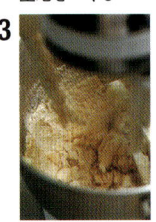

サイズ　72枚取り
［スペクラチウス生地］（合計＝671g）
バター　Butter——120g
塩　Salz——2g
すりおろしたレモンの皮
　　geriebene Zitronenschale——1/2個分
砂糖　Zucker——180g
牛乳　Milch——30g
全卵　Vollei——30g
薄力粉　Weizenmehl——300g
スペクラチウスゲヴュルツ（香辛料）
　　Spekulatiusgewürz——9g

人型の香辛料入りクッキーは
古代から栄えた
ラインラント地方の伝統菓子。
隣接するベルギーやフランスでは
スペキュロスと呼ばれている。
アドベントの時季につくられる。

準備
スペクラチウスゲヴュルツはバニラ6g、クローブ1g、オールスパイス1g、アニス1g、ナツメグ1gを合わせたものから計量。組合せは好みでよく、ドイツではブレンド品も市販されている。薄力粉とスペクラチウスゲヴュルツ（香辛料）は合わせておく。

生地をつくる
1　バターに塩、すりおろしたレモンの皮、砂糖を加えて、すり混ぜる。
2　牛乳、溶いた全卵を加える。
3　薄力粉とスペクラチウスゲヴュルツを合わせた粉を加え、混ぜ合わせる（3）。
4　さっくりとさせるため、あまり練らないこと。混ざったらまとめて、ラップフィルムに包み、冷蔵庫で一晩休ませる（4）。

成形
1　生地を麺棒で厚さ5mmにのばす。
2　スペクラチウス用の型にのばした生地をあて、押し込む（2）。
3　型と生地の間にナイフを入れ、余り生地をはがす（3）。
＊糸などを使ってはがすのでもよい。
4　型から生地を取り出す（4）。
5　艶出し用の牛乳をぬるか、卵黄をぬり、アーモンドスライスをはりつけてもよい（分量外）。

焼成
200℃のオーブンで15分間焼成する。

コラム　ドイツ菓子とは何か ④

カフェ・ジーフェルト

Cafe Siefert
Braunstrasse 17 D-64720 Michelstadt

中世から続く伝統
蜂蜜とスパイスが菓子のはじまり

蜂蜜は砂糖がヨーロッパに登場するずっと以前から、甘味源として大切にされてきた。ドイツには蜂蜜菓子の文化が色濃く残っており、郷土菓子と呼ばれるものの多くがホーニッヒクーヘンまたはレープクーヘンと呼ばれる蜂蜜生地でつくられている。ニュルンベルグ風レープクーヘンやアーヘナープリンテンがよく知られている。

レープクーヘンは、温めた蜂蜜を練って乾燥したくだものや粉、ナッツ、香辛料を混ぜ合わせ、半年をかけて発酵させてつくる。

中世において、キリスト教会がロウソクを大量に必要としたことから、蜜ロウを採取するための養蜂が盛んに行なわれた。その時、副産物である蜂蜜を、ロウソク製造業者が菓子に加工した。こうしてレープクーヘンは、人々が教会や大聖堂めぐりをする時の記念品として、当時から広く親しまれてきたのである。

現代のドイツに相当する地域だけでなく、中世のイタリア、フランス、オーストリアなど広範囲にわたって、同様のスパイシーな菓子があり、珍重され、愛されてきた。この背景には、当時は料理も菓子も濃くて刺激的な味が最高とされており、また、冷蔵庫のない時代の腐敗防止の手段として香辛料が多用されていたこと。そして医学的な観点と食べもの、そして宗教が密接な関係にあったことがある。いまでもレープクーヘンはドイツのクリスマスには欠かせないが、栄養があり、香辛料の効果で身体の温まる菓子が、寒さの厳しい冬に必要なものとして根づいたのは当然のことだったろう。

さて、レープクーヘンの香辛料をレープクーヘンゲヴュルツという。バニラとシナモンは基本だが、他にどの香辛料をどれだけ配合するかは、つくり手によって異なるが、地域特性もある。

ニュルンベルグのエリーゼンレープクーヘンはシナモンとクローブ。ハンブルグではシナモンを多く使う他、クローブ、オールスパイス、ナツメグ、アニス、カルダモン、コリアンダーや白コショウも加える。北ドイツには港があるため、香辛料の種類が豊富で、かつカルダモンの使用量が増える。東ドイツではビターアーモンドやビターオレンジがよく使われる。バーゼルではカルダモン、メースが入る。なお、日本向けに配合する場合はバニラ、シナモンを多めに、他の香辛料は控えめにするほうが日本人にとって食べやすいだろう。

多くのレープクーヘン生地には鹿角塩（Hirschhornsalz）やポタシェ（炭酸カリウム）を加える。鹿角塩は字の通り古くは鹿の角から取ったという炭酸アンモニウム成分である。どちらも膨張剤であるとともに、生地に独特の苦みが残り、生地の味の特徴となっている。

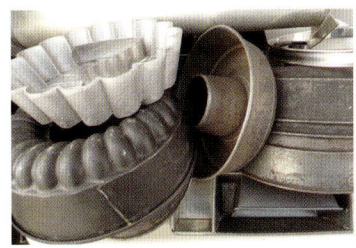

【カフェ・ジーフェルト】
Elisenlebkuchen
エリーゼンレープクーヘン

エリーゼンレープクーヘンは港町ニュルンベルグの特産品。
表面はカラッとしているが、食べるとネチっと糖分を感じる。
ナッツの粒が大きいかこまかいか、ヘーゼルナッツが多いかクルミが多いか、
ちょっとした応用で食感を変えることができる。

サイズ　8cm丸型15個取り
[生地]（合計＝840g）
全卵　Vollei ——180g
粉糖　Puderzucker ——235g
ハーゼルヌスパウダー　Haselnüsse, gerieben ——120g
ハーゼルヌス（粗く刻む）
　　Haselnüsse, grob gehackt ——120g
クルミ（粗く刻む）
　　Walnüsse, grob gehackt ——25g
オレンジピール（こまかく刻む）
　　Orangeat, gehackt ——50g
レモンピール（こまかく刻む）
　　Zitronat, gehackt ——50g
ショウガの砂糖づけ（みじん切り）
　　Ingwer, gehackt ——10g
オレンジの皮　Abrieb von Orange ——1/2個分
レープクーヘンの香辛料＊　Lebkuchengewürz
　　——15g

バニラビーンズ　Vanilleschote ——1本
すりおろしたレモンの皮
　　geriebene Zitronenschale ——1/2個分
小麦粉　Weizenmehl ——50g

[組み立て]
製菓用硬質オブラート　Oblaten ——15枚
アーモンド半切り（皮むき）
　　halbierte Mandeln ——60g

[レープクーヘンの香辛料]＊
シナモンパウダー　Zimtpulver ——200g
クローブパウダー　Nelkenpulver ——4g
コリアンダーパウダー　Korianderpulver ——80g
オールスパイスパウダー　Pimentpulver ——1.5g
メイシス　Macis ——1.5g
カルダモンパウダー　Kardamompulver ——1.5g

生地をつくる

生地をつくる
1　全卵と粉糖をボウルに入れ、たえず混ぜながら蒸気にボウルの底を当てて40℃まで加熱する。充分に温めて白っぽくボリュームが出たら、ミキサーにうつして撹拌し、冷ます。
＊35℃ではゆるい。40℃程度まで温度を上げることで卵の粘度が出て生地がしっかりする。
2　1以外の生地の材料をボウルに合わせる（**2**）。
＊材料の粒の大きさで食感が変わる。こまかさを求めるならフードカッターにかけ、粒感を重視するなら手で刻む。ここでは軽くフードカッターにかけて、中間のテクスチャを出している。
3　1が人肌ぐらい（36〜37℃）になったら2の素材に加えて、混ぜ合わせる（**3**）。
4　粘りのある、しっかりした生地になる（**4**）。ラップフィルムでボウルをおおって1時間休ませる。

組み立て
1　専用器具に硬質オブラートをのせ、生地をドーム状に盛りつける（**1a,1b**）。
＊形は円形のほかに角形もある。サイズもいろいろだが、仕事をしやすい大きさを選ぶ。
2　鉄板に並べ、半割アーモンドをトッピングする（グラズーワ仕上げ）（**2**）。チョコレート仕上げにするものはアーモンドをのせない。一晩乾かしてから焼き上げると、外が乾いて中がジューシーな仕上がりになる。

焼成
200℃のオーブンで15分間焼成する。

仕上げ
グラズーワまたはクーベルチュールチョコレートでコーティングする。グラズーワは砂糖500gに水100gを加えて120℃まで沸かし、ハケで焼きたてのエリーゼンレープクーヘンにぬる。チョコレート仕上げのものは、冷めたレープクーヘンにチョコレートをハケでぬり、ローストした半割アーモンドを貼りつける。

【カフェ・ジーフェルト】
Dominosteine
ドミノシュタイン

現代的な顔をしているが、生地はもっとも古い時代から伝わる
Honigkuchen ホーニッヒクーヘン（蜂蜜生地）のタイプ。
昔はHirschhornsalz キルシュホルンザルツ（鹿角塩）という鹿の角を
粉末にしたもののアンモニア成分で生地を膨張させた。

サイズ　3cm角　60個取り
[レープクーヘンタイク]（合計= 394g）
蜂蜜　Honig ── 80g
砂糖　Zucker ── 65g
水　Wasser ── 18g
レープクーヘンの香辛料　Lebkuchengewürz ── 6g
小麦粉　Weizenmehl ── 100g
ライ麦粉　Roggenmehl ── 100g
卵黄　Eigelb ── 1個分
炭酸アンモニウム　Hirschhornsalz ── 3g
ポタシェ（膨張剤）　Pottasche ── 2g
牛乳　Milch ── 20g

[ヒンベアゼリー]（合計= 792g）
ラズベリーピュレ　Himbeerpüree ── 180g
水　Wasser ── 120g
ペクチン　Pektin ── 16g
砂糖　Zucker ── 320g
水飴　Glukose ── 140g
レモン果汁　Zitronensaft ── 16g

[組み立て]
マジパンローマッセ　Marzipanrohmasse ── 300g

[仕上げ]
クーベルチュールチョコレート　Kuvertüre ── 300g

レープクーヘンタイクをつくる

1 鍋に蜂蜜と砂糖、水を合わせて加熱し、結晶をすべて溶かし込む（**1**）。

2 ライ麦粉、小麦粉、香辛料をボウルに合わせ、少し冷ました**1**を加える（**2**）。

＊熱いままで加えると粉が煮えてしまうので、少し冷ますこと。

3 ビーターでこね始める。最初は粉がつながっていない状態で、パサパサしている（**3**）。

4 粉気がなくなったら、そのまま冷たく暗い場所で3ヵ月以上生地を寝かせる。

5 3ヵ月以上寝かせた生地に、牛乳と炭酸アンモニウムを合わせた液を加えて混ぜる（**5**）。

6 **5**がよく混ざったら（できれば別の日に）、卵黄とポタシェを混ぜたものを加えて混ぜ合わせる（**6**）。

＊前年の生地を種生地として加えることもある。

7 半年経過すると生地が自然に膨張した状態になる（**7**）。

＊使用する前に、必ず少量の生地を試し焼きして、膨らみかたや風味を確かめる。

8 使う量のレープクーヘンをまとめて一度こねる（**8**）。

9 打ち粉をしてのばす（**9**）。

10 型の大きさ（ここでは30cm角）に切り、ナイフでピケする。穴をあけないと均等に膨らまない（**10**）。

11 オーブンシートにのせ、型で囲む。焼き色と照りを出すために牛乳をぬる（**11**）。

12 200℃のオーブンで20分間焼成する（**12**）。

ゼリーをつくる

1　生または冷凍ラズベリーをこしてピュレにする。鍋に入れ、水を加えて軽く温める。
2　ペクチン、砂糖40gを合わせたものを1に加えて沸かす(**2**)。
3　残りの砂糖と水飴を加えて、溶かす。106℃になるまで温める(**3**)。
4　レモン果汁を加えて混ぜ、火からおろす(**4**)。

組み立て

1　ゼリーが熱いうちにレープクーヘンの上に均等にぬり広げる(**1**)。
2　マジパンローマッセを伸ばし、型のサイズに切る。
3　ゼリーが固まった上から、のばしたマジパンローマッセを重ねる(**3**)。そのまま冷ます。
＊型と生地の間にナイフを入れておき、取り出しやすくする。
4　冷めたら裏返して型をはずす。レープクーヘンに溶かしたクーベルチュールチョコレートをぬる。冷ます(**4**)。

仕上げ

1　チョコレートが固まったら、裏返して3cm角にカットする(**1**)。
2　溶かしたチョコレートにくぐらせてコーティングする(**2**)。

【カフェ・ジーフェルト】
Basler Lekerli
バーゼラー レッカリィ

サイズ 3×5cm　50個取り
[生地]（合計＝457g）
蜂蜜　Honig——75g
砂糖　Zucker——40g
小麦粉　Weizenmehl——90g
アーモンド（粗く刻む）　Mandeln, gehackt——65g
オレンジピール（こまかく刻む）
　　　Orangeat, gehackt——150g
シナモンパウダー　Zimtpulver——4g
バニラビーンズ　Vanilleschote——1本
ナツメグパウダー　Muskatpulver——2g
クローブパウダー　Nelkenpulver——1g
レモン果汁　Zitronensaft——1個分
すりおろしたレモンの皮
　　　geriebene Zitronenschale——1個分
キルシュヴァッサー（酒）　Kirschwasser——30g
牛乳　Milch——適量

[仕上げ]
グラズーワ…砂糖500gに対して水100g

ライン川の要衝であるスイスのバーゼルは、
ドイツ、フランスとの国境に
はさまれた一大交易地。
バーゼラーレッカリィは
バーゼルの特産品である。

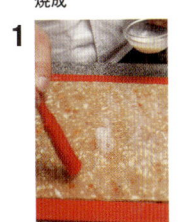

生地をつくる
1　鍋に蜂蜜を温め、砂糖を加えて溶かし込む。95℃まで熱する。
2　ボウルに小麦粉と香辛料、アーモンド、オレンジピール、レモンの皮、レモン果汁を合わせる。
3　2に熱々の1を一気に注ぐ（**3**）。
4　キルシュヴァッサーを加えて、ドゥフックでこねる。
5　混ざり合ったら、へらに持ち替えて、底から全体に混ぜ合わせる（**5**）。
＊このまま一晩置くとよいが、急ぐ場合は広げて冷まし、テクスチャを少し固める。

焼成
1　型の大きさ（ここでは30cm角）に合わせてのばし、型にセットする。表面に牛乳をぬる（**1**）。
＊型は高さのあるものを用いるか重ねて使用し、生地が膨張してもきれいな四角になるように焼き上げる。
2　210℃のオーブンで15分間焼成する。

仕上げ
1　グラズーワ仕上げ。まだ温かい生地の表面に120℃に加熱したグラズーワをぬる（**1**）。
2　冷めると固くなるので、よく切れるナイフで長方形に切る。

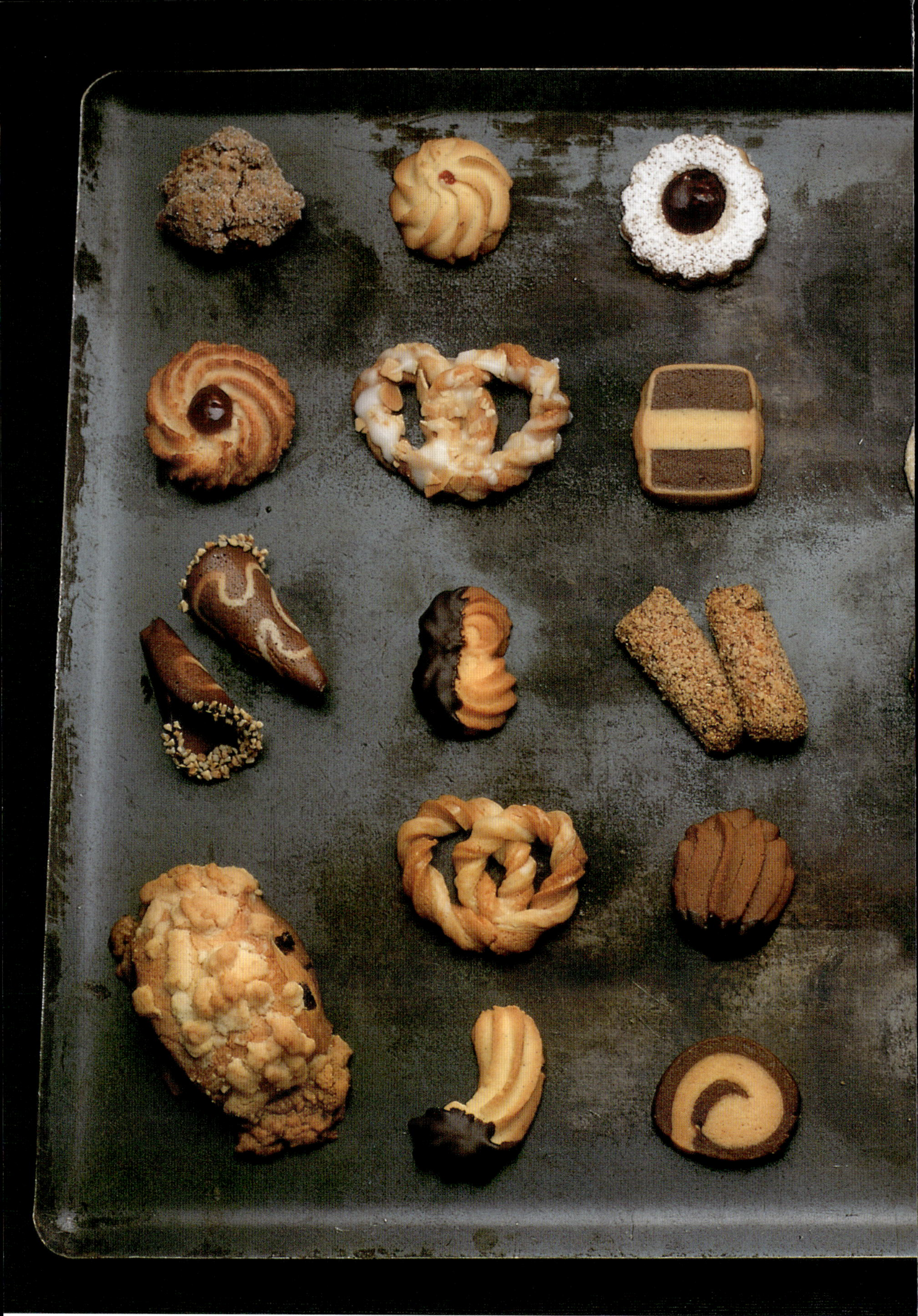

Kapitel 7

Teegebäck

多彩な生地の小さな菓子

Spritzgebäck Vanille
シュプリッツゲベック バニラ

絞り出しクッキーは
テーゲベックの基本のひとつ。
形や配合、飾りなどで
バリエーションがつくれる。

サイズ　1個15g　38個取り
[シュプリッツミュルベタイクの材料]（合計=587g）
マジパンローマッセ
　　Marzipanrohmasse——50g
すりおろしたレモンの皮
　　geriebene Zitronenschale——1/2個分
塩　Salz——1g
バニラビーンズ　Vanilleschote——1/2本
バター　Butter——190g
粉糖　Puderzucker——70g
全卵　Vollei——50g
薄力粉　Weizenmehl——225g

生地をつくる
1　ボウルにマジパンローマッセを入れ、すりおろしたレモンの皮、塩、バニラビーンズを加える。バターを少量加えて、ビーターで柔らかく混ぜる。混ざったら残りのバターもすべて加える。
2　粉糖を加えて混ぜ合わせる。
3　卵を加えて白っぽくなるまで混ぜる。
4　よく混ざったら、薄力粉を少しずつ加えて、粉っぽさがなくなるまで混ぜる（**4**）。

成形
できた生地を9番の星型口金をつけた絞り袋に入れ、形に絞る。

焼成
200℃のオーブンで下火10分間、上火を点けて8分間焼成する。

仕上げ
溶かしたクーベルチュールチョコレートに一端をつける。ローストしたアーモンドをまぶしてもよい。

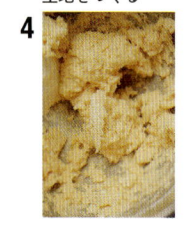

J字絞りの例（チョコレート仕上げ）
1　右上から左下にカーブを描き、止めて少し戻る（**1**）。
2　焼き上がり（**2**）。
3　先端にチョコレートをつける（手前がバニラ）（**3**）。

小さな花形絞りの例（中央にジャム）
1　小さな円を描くように絞る（**1**）。
2　中央にラズベリージャムをのせる（**2**）。
3　焼き上がり（**3**）。

Spritzgebäck Mandel
シュプリッツゲベック マンデル

サイズ　1個15g　34個取り
[マンデルシュプリッツミュルベタイクの材料]
(合計＝526g)
マジパンローマッセ
　　Marzipanrohmasse ── 65g
すりおろしたレモンの皮
　　geriebene Zitronenschale ── 1/2個分
塩　Salz ── 1g
バニラビーンズ　Vanilleschote ── 1/2本
バター　Butter ── 125g
粉糖　Puderzucker ── 60g
全卵　Vollei ── 50g
薄力粉　Weizenmehl ── 150g
アーモンドパウダー　Mandeln, gerieben ── 75g

マジパンローマッセと
アーモンドパウダーの
旨みを加えた絞り出し生地。
チョコレートで飾って。

生地をつくる
1　ボウルにマジパンローマッセを入れ、すりおろしたレモンの皮、塩、バニラビーンズ、少量のバターを加え、ビーターで柔らかく混ぜる。
2　残りのバターを加えて、混ぜ合わせる。
3　粉糖を加えて混ぜ合わせる。
4　卵を加え、白っぽくなるまで泡立てる。
5　よく混ざったら、薄力粉とアーモンドパウダーを合わせた粉を少しずつ加えて、粉っぽくなるまで混ぜる(**5**)。

成形
できた生地を9番の星型口金をつけた絞り袋に入れ、形に絞る。小さく絞りたい場合は7番を使う。

焼成
200℃のオーブンで下火8分間、上火を点けて8分間焼成する。

リング絞りの例(チョコレート、アーモンド仕上げ)
1　同じ太さになるように力加減に注意しながらリングを描く(**1**)。
2　焼き上がり(**2**)。
3　溶かしたチョコレートをつける。チョコレートがやわらかいうちにローストアーモンドをまぶしてもよい(**3**)。

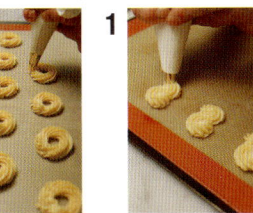

逆S字絞りの例
1　逆S字形に小さく絞り出す。
2　焼き上がり(**2**)。

Spritzgebäck Haselnuss
シュプリッツゲベック ハーゼルヌス

ハーゼルヌスパウダーの上で
ヌス生地をまっすぐ絞り出す。
香ばしさを全体にまとった
ドイツ人の好きな味。

サイズ　1個15g　34個取り
［ハーゼルヌスシュプリッツミュルベタイクの材料］
（合計＝528g）
マジパンローマッセ　Marzipanrohmasse —— 65g
すりおろしたレモンの皮
　　geriebene Zitronenschale —— 1/2個分
バニラビーンズ　Vanilleschote —— 1/2本
塩　Salz —— 1g
バター　Butter —— 125g
粉糖　Puderzucker —— 60g
全卵　Vollei —— 50g
薄力粉　Weizenmehl —— 150g
ローストしたハーゼルヌスパウダー
　　Haselnüsse, geröstet, gerieben —— 75g
シナモンパウダー　Zimtpulver —— 2g

［飾り］
ローストしたハーゼルヌスパウダー
　　Haselnüsse, geröstet, gerieben —— 500g

生地をつくる
1　ボウルにマジパンローマッセ、すりおろしたレモンの皮、バニラビーンズ、塩を混ぜ合わせる。
2　バターを少量加えて、ビーターで柔らかく混ぜる。混ざったら残りのバターもすべて加える。
3　粉糖を加えて混ぜ合わせる。
4　卵を加えて白っぽくなるまで混ぜる。
5　4に薄力粉とハーゼルヌスパウダー、シナモンパウダーを合わせた粉を少しずつ加えて、よく混ぜる（5）。

成形
生地を12番の丸型口金をつけた絞り袋に入れ、ハーゼルヌスパウダーを広げたバットの上で絞る。軽く転がしてハーゼルヌスパウダーをまぶす。

焼成
200℃のオーブンで下火10分間、上火を点けて10分間焼成する。

直線絞りの例
1　ハーゼルヌスパウダーの上に生地を絞り出す。軽く転がしてまぶす（1）。
2　余分を落とし、オーブンシートの上に並べる（2）。
3　焼き上がり（3）。

Spritzgebäck Schokolade
シュプリッツゲベック ショコラーデ

サイズ　1個15g　40個取り
［ショコラーデシュプリッツミュルベタイクの材料］
（合計＝611g）
マジパンローマッセ　Marzipanrohmasse —— 50g
すりおろしたレモンの皮
　　geriebene Zitronenschale —— 1/2個分
塩　Salz —— 1g
バニラビーンズ　Vanilleschote —— 1/2本
バター　Butter —— 190g
粉糖　Puderzucker —— 80g
全卵　Vollei —— 70g
薄力粉　Weizenmehl —— 200g
カカオパウダー　Kakaopulver —— 20g

テーゲベックにもショコ生地は欠かせない存在。
褐色の波線を美しく絞り、チョコレートで飾る。

生地をつくる
1　ボウルにマジパンローマッセを入れ、すりおろしたレモンの皮、塩、バニラビーンズ、少量のバターを加え、ビーターで柔らかく混ぜる。
2　残りのバターを加えて、混ぜ合わせる。
3　粉糖を加えて混ぜ合わせる。
4　卵を加え、白っぽくなるまで混ぜ合わせる。
5　よく混ざったら、薄力粉とカカオパウダーを合わせた粉を少しずつ加えて、混ぜる(5)。

成形
生地を9番の星型口金をつけた絞り袋に入れ、形に絞る。

焼成
200℃のオーブンで上火7分間、下火7分間焼成する。

半円形絞りの例
1　半円形など曲線を描く時は中央のカーブが細くならないように注意する(1)。
2　焼き上がり(2)。
3　焼き上がったら、溶かしたチョコレートを両端につけ、ローストアーモンドをつける(3)。チョコレート飾りのみ、またはそのままでもよい。好みの組合せで。

生地をつくる
1

半円形絞りの例
1
2
3

多彩な生地の小さな菓子

Spitzbuben
シュピッツブーベン

いたずらな子ども
という意味の
ジャムサンドクッキー。

サイズ　1個15g　40個取り

[1-2-3ミュルベタイク]（19ページ）——640g

[仕上げ]
ラズベリージャム——120g　1組あたり3g使用
粉糖——適量

生地をつくる
基本の1-2-3ミュルベタイクの方法で生地を用意する。

成形
できた生地を厚さ3mmにのばし、直径6cmの菊型で抜く。半数は中央を直径2cmの円型で抜く（**1**）。

焼成
180℃のオーブンで20分間焼成する。

仕上げ
1　焼けたら粗熱をとり、冷めてから、中心に穴を開けたものには粉糖をふる（**1**）。
2　穴を開けてないものに、開けたものを重ねる。加熱して沸騰させたラズベリージャムを熱いうちに穴に絞り入れる。柔らかいジャムが2枚の間に流れていき、ぴったりと上下が密着する（**2**）。

*ミュルベタイクをのばして型抜きするため、余り生地が出る。余り生地は再度まとめてのばし、型で抜いて無駄なく使う。

Bretzel
ブレッツェル

ドイツの代表的な菓子パン、
ブレッツェルの形をした
テーゲベック。

サイズ　1個15g　40個取り

［1-2-3ミュルベタイク］（19ページ）——640g

［ラムのグラズーワの材料］
粉糖　Puderzucker——100g
水　Wasser——20g
シロップ　Lauterzucker——10g
＊水と砂糖が同割
ラム（酒）　Rum——3g

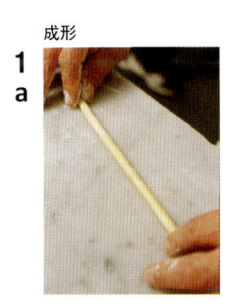

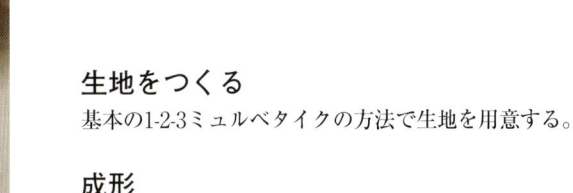

生地をつくる
基本の1-2-3ミュルベタイクの方法で生地を用意する。

成形
生地を細い棒状にのばし、左右を内側に交叉させてブレッツェル形に整える（**1a,1b,1c**）。

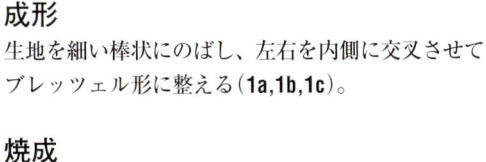

焼成
200℃のオーブンの下火で15分間焼く。

仕上げ
粉糖にラム酒、水、シロップを加えて混ぜ、グラズーワをつくる。焼き上がったブレッツェルが熱いうちにつけて、乾かす。

Schwarz-Weiß-Gebäck
シュヴァルツヴァイス

サイズ　1枚15g　80枚取り

［1-2-3ミュルベタイク（バニラ）］（19ページ）——640g

［1-2-3ミュルベタイク（カカオ）］（合計＝643g）
バター　Butter——200g
塩　Salz——1g
粉糖　Puderzucker——100g
全卵　Vollei——30g
卵黄　Eigelb——12g
薄力粉　Weizenmehl——270g
カカオパウダー　Kakaopulver——30g

ショコ生地とバニラ生地を
交互に重ねて描く、
黒と白のコントラストが美しい。

バニラ生地（1-2-3ミュルベタイク）をつくる
基本の1-2-3ミュルベタイクの方法で生地を用意する。

カカオ生地（1-2-3ミュルベタイクカカオ）をつくる
1　バターを撹拌し、バニラビーンズ、すりおろしたレモンの皮、塩を加えて、混ぜる。
2　粉糖を加え、混ぜる。
3　カカオパウダーと薄力粉を合わせて、**2**に加える。
4　ひとかたまりにまとめ、ラップフィルムに包み、冷蔵庫で2時間以上冷やす。

巻き生地

［巻き生地の材料］（合計＝880g）
バター　Butter——270g
粉糖　Puderzucker——150g
全卵　Vollei——60g
薄力粉　Weizenmehl——400g

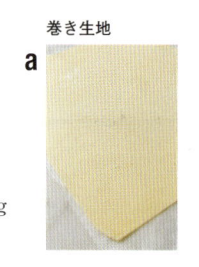

巻き生地をつくる
表の配合でバニラ生地同様につくり、風味づけをせず、基本材料のみでつくる。カカオパウダーを加える場合は粉の3割を置き換える。厚さ3mmに均等に広くのばして用いる（**a**）。

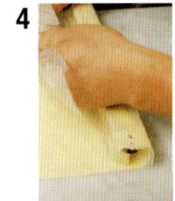

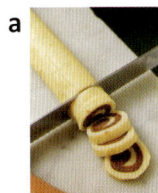

成形
市松模様
1 　1cmの角棒に切ったプレーン生地5本、カカオ生地4本を用意する（**1**）。
2 　水で生地同士の表面を接着させ、組み立てはじめる（**2**）。
3 　色が交互になるように組み立てる（**3**）。
4 　巻き生地で周囲をひと巻きする（**4**）。
5 　冷凍庫で冷やし固めてから、1cm幅に切る。（**5**）

横縞模様
厚さ1cm、幅3cmのカカオ生地2本、プレーン生地1本を用意し、プレーン生地をカカオ生地ではさむように重ねる。接着面は水をぬる。巻き生地でひと巻きする。冷凍庫で冷やし固める。1cm幅に切る。

うず巻き
厚さ1cmの長方形にのばしたカカオ生地を、厚さ3mmにのばしたプレーン生地の上に重ね、ロール状に巻く。冷凍庫で冷やし固める。1cm幅に切る。プレーン生地をカカオ生地で巻けば（**b**）の模様になる。

同心円
カカオ生地を直径1cmの棒状にのばし、厚さ1cmのプレーン生地でひと巻きして、余分を切る。さらに厚さ3mmのカカオ生地でひと巻きする。冷凍庫で冷やし固める。1cm幅に切る。

焼成
オーブンシートを敷いた鉄板の上に間隔を開けて並べる。180℃のオーブンで20分間焼成する。

多彩な生地の小さな菓子

Ochsenaugen
オクセンアウゲン

変わった名前は
牡牛の眼という意味だが、
円形にジャムを満たした様子から
きているようである。

サイズ　24個取り
［1-2-3ミュルベタイク］（19ページ）——640g

［マクローネン生地の材料］（合計＝361g）
マジパンローマッセ　Marzipanrohmasse ——200g
砂糖　Zucker ——120g
卵白　Eiweiß ——40g
塩　Salz ——1g
すりおろしたレモンの皮
　　geriebene Zitronenschale ——1/4個分

ミュルベタイクをつくる
基本の1-2-3ミュルベタイクの方法で生地を用意する。

マクローネン生地をつくる
1　ボウルにマジパンローマッセ、すりおろしたレモンの皮、塩を合わせて混ぜる。
2　卵白を加えて、練り合わせる。
3　砂糖を加え、空気をふくませて絞りやすい固さに混ぜ合わせる（**3**）。
＊空気を含ませることで、焼成するとふっくらとした焼き上がりになる。

成形
1　ミュルベタイクを厚さ3mmにのばし、直径5cmの菊型で抜く（**1a**）。180℃のオーブンで15分間焼成する（**1b**）。
2　1が冷めたら、その上にマクローネン生地を7番星型口金でリング形に絞り出す（**2**）。

焼成
160℃で20分間焼成する。

仕上げ
1　ラズベリージャムを熱してゆるめ、絞り袋で中心を飾る（**1**）。
2　アンズジャムでもよい（**2**）。
＊マクローネン生地は、アーモンドまたはヘーゼルナッツなど油脂を含むナッツ類と、砂糖、卵白を必ず使用する生地である。オクセンアウゲンのマクローネン生地はマジパンローマッセがナッツに相当する。

Vanillekipfel
バニラキプフェル

サイズ　75個取り
[バニラキプフェル生地]（合計＝751g）
バター　Butter —— 250g
塩　Salz —— 1g
バニラビーンズ　Vanilleschote —— 1本
砂糖　Zucker —— 125g
薄力粉　Weizenmehl —— 250g
アーモンドパウダー　Mandeln, gerieben —— 125g

[仕上げ]
粉糖　Puderzucker —— 250g

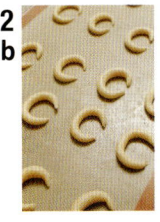

バニラ味の三日月という名前である。
ポロポロと素朴な生地に
バニラが甘く香る。

生地をつくる
1　ボウルに柔らかいバターを入れ、塩、バニラビーンズを加えて混ぜる。
2　粉糖を加えて、よく混ぜ合わせる。
3　薄力粉とアーモンドパウダーを合わせて2に加え、混ぜ合わせる（**3**）。
4　パラフィン紙に生地を1/2量ずつ取り、直径3cmの棒状にのばす。冷蔵庫で1時間以上生地を冷やし固める（**4**）。

成形
1　生地を1cm幅にスライスする（**1**）。1個10g。
2　9cmの長さ棒状にのばす。両端を細くしてから三日月形に曲げる（**2a, 2b**）。

焼成
180℃のオーブンで20分間焼成する。

仕上げ
熱いうちに粉糖をかける。
＊バニラキプフェル生地はアーモンドパウダーではなくハーゼルヌスパウダーを使うこともある。配合はナッツが多く、ミュルベタイクとリンツァー生地の中間のような生地だ。グルテンを出さず、食感はポロポロしているのが特徴。小麦粉をローストして使う技法もある。

Zimtsterne
ツィムトシュテルネ

名前はシナモンの星を意味する。
香辛料をきかせた
クリスマスの人気菓子のひとつ。

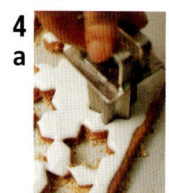

サイズ　1個25g　25個取り
[ツィムトシュテルネ生地]（合計＝790g）
マジパンローマッセ　Marzipanrohmasse ―― 100g
塩　Salz ―― 2g
卵白　Eiweiß ―― 100g
粉糖　Puderzucker ―― 280g
皮つきアーモンドパウダー
　Mandeln, gerieben ―― 200g
シナモンパウダー　Zimtpulver ―― 8g
ブルーゼル　Brösel ―― 100g

[まぶす]（合計＝100g）
ブルーゼル　Brösel ―― 50g
皮つきのアーモンドパウダー
　Mandeln, gerieben ―― 50g

[アイヴァイスグラズーワ]（合計＝270g）
卵白　Eiweiß ―― 40g
粉糖　Puderzucker ―― 230g

生地をつくる
1　皮つきアーモンドパウダー、シナモンパウダー、ブルーゼルを合わせる。
2　ボウルにマジパンローマッセ、塩を入れる。ビーターで撹拌しながら卵黄を少しずつ加えて、混ぜ合わせる。
3　粉糖を加えて、なめらかになるまで混ぜる（3）。
4　3に1を加えて粉っぽさがなくなるまで混ぜ合わせる（4a）。生地がまとまったら、ラップフィルムで包み、冷蔵庫で冷やし固める（4b）。

アイヴァイスグラズーワ
卵白に粉糖を少しずつ加え、混ぜ合わせる。あまり空気を含ませないように、低速で撹拌する。

成形
1　ブルーゼルと皮つきアーモンドパウダーを混ぜ、台の上に広げる。生地の上におく。麺棒で上から生地をのばし、1cmの厚さにする。このようにのばすことで、下の粉類を生地に密着させる。
3　アイヴァイスグラズーワを表面にぬる。30分～1時間休ませる。
4　生地を星型で抜く（4a,4b）。

焼成
160℃のオーブンで20分間焼成する。

Heidesand
ハイデザント

サイズ　1個15g　42個取り
[ハイデサント生地]（合計=631g）
バター　Butter ―― 200g
塩　Salz ―― 1g
すりおろしたレモンの皮
　　geriebene Zitronenschale ―― 1/2個分
バニラビーンズ　Vanilleschote ―― 1/2本
粉糖　Puderzucker ―― 150g
生クリーム　Sahne ―― 30g
薄力粉　Weizenmehl ―― 250g

[飾り]
砂糖　Zucker ―― 適量

こがしバターを使うが
生地が茶色くなるわけではなく、
ほんのりとスモーキーな香りと
コクが残る。

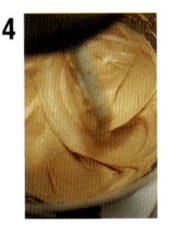

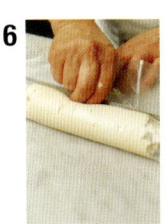

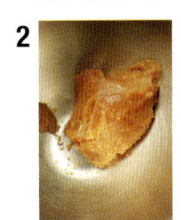

生地をつくる
1　こがしバターをつくる。鍋にバターを入れて火にかけ、溶かして茶色く色づくまで熱する。シノワで漉した液を冷蔵し、いったん冷ます(**1**)。
2　冷え固まった1に、塩、すりおろしたレモンの皮、バニラビーンズを加えて、混ぜ合わせる(**2**)。
3　粉糖を少しずつ加え、混ぜ合わせる。
4　ポマード状になったら、生クリームを加え、さらになめらかにする(**4**)。
5　薄力粉を加え、少し固めの生地にまとめる(**5**)。
6　パラフィン紙に生地を1/2量ずつ取り、直径3cmの棒状にのばす。冷凍庫で1時間以上冷やし固める(**6**)。

成形
冷やした生地をバット等に広げた砂糖の上に転がして、表面に砂糖をまぶす。5mmの厚さに切る。

焼成
180℃のオーブンで20分間焼成する。

Makronli
ショコマクローンリ

ナッツ、砂糖、
卵白を基本材料とした
軽い食感の生地である。
砕いたチョコレートを入れると
アクセントになる。

サイズ　1個15g　35個取り
[生地]（合計＝530g）
卵白　Eiweiß —— 65g
すりおろしたレモンの皮
　　geriebene Zitronenschale —— 1/4個分
塩　Salz —— 1g
粉糖　Puderzucker —— 150g
削ったクーベルチュールチョコレート
　　Kuvertüre, gerieben —— 100g
アーモンドパウダー　Mandeln, gerieben —— 100g
ヘーゼルヌスパウダー　Haselnüsse, gerieben —— 100g
溶かしバター　Butter, flüssig —— 14g

準備
ヘーゼルナッツ、アーモンドパウダー、削ったクーベルチュールチョコレートをボウルに入れ、混ぜ合わせる。

生地をつくる
1　卵白にすりおろしたレモンの皮、塩を合わせて、すり混ぜる。
2　粉糖を加えて、ふんわりと白っぽい泡になるまでミキサーで混ぜる。
3　ヘーゼルナッツ、アーモンドパウダー、削ったクーベルチュールチョコレートを 2 に加える（**3**）。
4　溶かしバターをへらの上から加え、混ぜる（**4a**）。それぞれ粒がざっくりと混ざり合った生地になる（**4b**）。

成形
砂糖を広げたバットの上に、生地を15gずつスプーンで落とし、砂糖をまぶす。

焼成
180℃のオーブンで25分間焼成する。

Florentiner
フロレンティーナ

フィレンツェの人、
カトリーヌ・ド・メディシスが
伝えたとされるアーモンド菓子。
キャラメルナッツだけでもいいが、
チョコレートをつけると旨さが倍増。

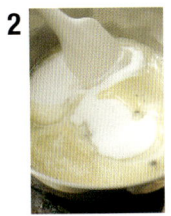

サイズ　1枚10g　70個取り
[ロストマッセ]（計＝796g）
水飴　Glukose —— 50g
蜂蜜　Honig —— 100g
塩　Salz —— 1g
すりおろしたレモンの皮
　　geriebene Zitronenschale —— 1/2個分
バニラビーンズ　Vanilleschote —— 1/2本
生クリーム　Sahne —— 100g
砂糖　Zucker —— 150g
バター　Butter —— 100g
アーモンドスライス　Mandeln, gehobelt —— 250g
オレンジピール　Orangeat —— 25g
ドレンドチェリー　Belegkirschen —— 20g

[仕上げ]
クーベルチュールチョコレート
　　Kuvertüre —— 適量

生地をつくる
1　鍋に水飴、蜂蜜、塩、すりおろしたレモンの皮、バニラビーンズ、生クリームを入れ、混ぜ合わせて火にかける。
2　1が溶けたら砂糖を加え、よく混ぜながら溶かし、沸騰させる（2）。
3　火からおろし、バターを加える。色づかないように予熱で溶かす。
4　バターが溶けたら再び火にかけ、加熱して沸く直前に刻んだオレンジピールを加えて、均一に混ぜる（4）。
5　4にアーモンドスライスを加えて混ぜ合わせ、色づかないように熱する。よく混ざったら火からおろす（5）。
6　少し冷まして、粘度を出す。

焼成
フロレンティーナ型に1枚10gを入れ、180℃のオーブンで下火9分間、上火を点けて9分間焼く。

仕上げ
フロレンティーナが冷めたら、溶かしたクーベルチュールチョコレートを裏側につけ、フォークで波線をつけて飾り、乾かす。

Bobbes
ボベス

バターの風味高い生地にマジパンや
ドライフルーツを巻き込んで焼く。
表面にシュトロイゼルをまぶすことで、
カリッという食感も楽しめる。

サイズ　4cm幅8個取り
　　　　（35cm×8cm×高さ4.5cmの型）
［ボベス生地］（合計＝841g）
バター　Butter ―― 250g
粉糖　Puderzucker ―― 150g
卵黄　Eigelb ―― 40g
薄力粉　Weizenmehl ―― 400g
バニラビーンズ　Vanilleschote ―― 1/2本
すりおろしたレモンの皮
　　geriebene Zitronenschale ―― 1/4個分
塩　Salz ―― 1g

［フュルング］
マジパン　Marzipanrohmasse ―― 200g
アラック（酒）　Alak ―― 4g
レーズン　Rosinen ―― 80g
オレンジピール　Orangeat ―― 50g

艶出し用の卵黄　Eigelb ―― 20g
シュトロイゼル（27ページ）―― 200g

生地をつくる
1　バターを撹拌し、柔らかくする。粉糖、バニラビーンズ、すりおろしたレモンの皮、塩を加え、よくすり混ぜる卵黄を加え、混ぜ合わせる(**1**)。
2　混ざったら、薄力粉を加え、混ぜ合わせる(**2**)。
3　よく混ざり合ったら、ひとまとめにし、ラップフィルムに包んで数時間冷蔵庫で休ませる(**3**)。

組み立て
1　マジパンを用意する。マジパンローマッセにアラック酒を練り込み、長さ30cmの棒状に形を整える。
2　生地を35cm×30cmの長方形にのばし、横長におく(**2**)。
3　レーズン、オレンジピールを生地の上に散らす。周囲1cm幅の部分には水をぬり、**1**のマジパンを巻きながら、ロール状に成形する(**3**)。
4　型に入れ、表面に卵黄をぬる。シュトロイゼルを天面にまんべんなく散らす(**4**)。

焼成
200℃のオーブンで1時間焼成する。

カット
ポーションを4cm幅に切る。

Hippenmasse Mandel
ヒッペンマッセ マンデル

サイズ　1枚8g　30枚取り
［ヒッペンマッセ］（合計＝251g）
マジパンローマッセ
　　Marzipanrohmasse──75g
塩　Salz──1g
バニラビーンズ　Vanilleschote──1/4本
卵白　Eiweiß──90g
生クリーム　Sahne──10g
粉糖　Puderzucker──50g
薄力粉　Weizenmehl──25g

［飾り］
16割アーモンド　Mandeln, gehackt──250g
クーベルチュールチョコレート
　　Kuvertüre──適量

マジパンベースの薄焼きのマッセは、
焼いた直後はまだ柔らかい。
くるんと巻いたり、丸めたり、
可愛らしく仕上げたい。

準備
鉄板にバターをぬる。ヒッペンマッセはオーブンシート等を用いず、鉄板に直接絞り出して、生地を自然な円形に広げる。

生地をつくる
1　ボウルにマジパンローマッセを入れ、塩、バニラビーンズ、卵白を加えて混ぜ合わせる。
2　生クリームを加えて、さらに混ぜる。
3　粉糖を加え、低速から中速にだんだん回転数を上げながら混ぜる。
4　薄力粉を加えて、混ぜ合わせる（4）。

絞る
絞り袋に生地を入れ、準備した鉄板の上に直径5cmの円に絞り出す（aプレーン／b模様）。

焼成
200℃のオーブンで5～7分間焼成する。

成形（シガー形）
1　焼き上がったヒッペンマッセはまだ柔らかいうちに棒などに巻きつけ、シガー形に整える。
2　カカオ生地も同様に成形できる。

Hippenmasse Kakao
ヒッペンマッセ カカオ

サイズ　1枚8g　30枚取り
［ヒッペンマッセ］（合計＝257g）
マジパンローマッセ
　　Marzipanrohmasse ―― 75g
塩　Salz ―― 1g
卵白　Eiweiß ―― 90g
粉糖　Puderzucker ―― 60g
薄力粉　Weizenmehl ―― 20g
カカオパウダー　Kakaopulver ―― 10g
シナモンパウダー　Zimtpulver ―― 1g

薄焼きのヒッペンマッセに
カカオパウダーを加えた
バリエーション。
アーモンドでふちを彩る。

準備
鉄板にバターをぬる。ヒッペンマッセはオーブンシート等を用いず、鉄板に直接絞り出して、生地を自然な円形に広げる。

生地をつくる
1　ボウルにマジパンローマッセを入れ、塩、卵白を加えて、混ぜ合わせる。
2　生クリームを加え、さらに混ぜる。
3　混ざったら、薄力粉を加え、混ぜ合わせる。
4　薄力粉、カカオパウダー、シナモンパウダーを合わせ、3に加えて混ぜ合わせる。

絞る
絞り袋に生地を入れ、準備した鉄板の上に直径5cmの円に絞り出す（**a**プレーン／**b**模様）。

焼成
200℃のオーブンで5～7分間焼成する。

成形
円すい形に成形する場合は、焼成後の温かいヒッペンマッセを口金などに巻きつけて形を整える。

仕上げ
クーベルチュールチョコレートとアーモンドで飾る。

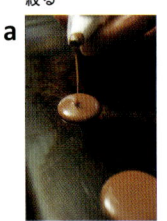

Dochess
ドゥシェ

サイズ　1枚8g 2枚組　30個取り
[生地]（計＝532g）
卵白　Eiweiß —— 160g
粉糖　Puderzucker —— 200g
すりおろしたレモンの皮
　　geriebene Zitronenschale —— 1/2個分
塩　Salz —— 1g
バニラビーンズ　Vanilleschote —— 1/4本
薄力粉　Weizenmehl —— 35g
アーモンドパウダー　Mandeln, gerieben —— 135g
シナモンパウダー　Zimtpulver —— 1g

[フュルング]
クーベルチュールチョコレート
　　Kuvertüre —— 適量

卵白生地でつくる
食感の軽さが持ち味。
パリッとした生地に
ショコクレメをはさんで。

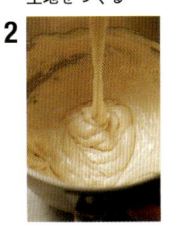

準備
鉄板にバターをぬる。オーブンシート等を用いず、鉄板に直接絞り出して、生地を自然な円形に広げる。

生地をつくる
1　ボウルに卵白を入れ、すりおろしたレモンの皮、塩、バニラビーンズ、粉糖を加えて、七分立てに立てる。
2　薄力粉、アーモンドパウダー、シナモンパウダーを合わせて、**1**の卵白生地に混ぜ合わせる。軽く柔らかい生地になる（**2**）。

絞る
鉄板にバターをぬり、生地を絞り袋に入れて、直径3cmの円に絞り出す。

焼成
200℃のオーブンで10分間焼き、少し粗熱を取ってから、さらに210℃で3分間焼成する（二度焼き）。
＊小麦粉の量が少ないため、卵白生地のねっちりした食感になるのを防ぎたい。二度焼きで水分を飛ばし、パリッと焼き上げる。

仕上げ
溶かしたクーベルチュールチョコレートを1枚に絞り、もう1枚でサンドする（**1**）。細く絞り出したチョコレートで飾る（**2**）。

多彩な生地の小さな菓子

Orangenhörnchen
オランジェンホルンヒェン

折りパイ生地ブレッタータイクに
オレンジピールたっぷりの
マジパンマッセをぬってねじる
香りのよいテーゲベック。

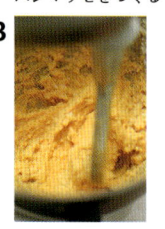

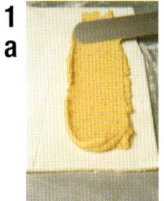

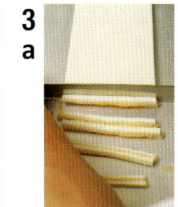

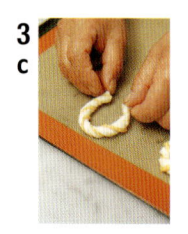

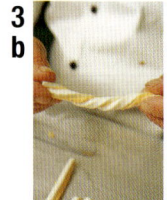

サイズ　30個取り
[生地]
折り込みブレッタータイク(25ページ)
　　　——500g(250g×2枚)

[オランジェンマジパンマッセ](合計=365g)
マジパンローマッセ
　Marzipanrohmasse——75g
アラック(酒)　Alak——40g
卵黄　Eigelb——50g
粉糖　Puderzucker——75g
オレンジピール
　Orangeat——50g
アーモンドパウダー
　Mandeln, gerieben——75g

生地をのばす
折り込みブレッタータイクを厚さ3mmにのばし、30×40cmの長方形に整える。1/2にカットする。

オランジェンマジパンマッセをつくる
1　ボウルにマジパンローマッセを入れ、アラック酒、オレンジピールを加えて、混ぜる。
2　卵黄を加えて、混ぜ合わせる。粉糖を混ぜる。
3　アーモンドパウダーを加え、よく混ぜ合わせる(**3**)。

成形
1　ブレッタータイクにマジパンマッセをぬり広げる(**1a**)。ブレッタータイク250g1枚に対してマジパンマッセ100gの割合。2枚目でサンドする。上から麺棒で押さえ、密着させる(**1b**)。
2　冷凍庫で冷やし固める。
3　5mm幅に切りそろえる(**3a**)。
ねじるとブレッタータイクの間からマジパンマッセが顔をのぞかせる(**3b**)。ブレッツェル形に成形する(**3c**)。
4　アーモンドスライス(分量外)をまぶす。溶き卵をぬってからアーモンドをまぶしてもよい。その場合はこげやすいので温度に注意する。

焼成
200℃のオーブンで下火15分間、上火15分間焼成する。

Schweineohren

シュバイネオーレン

ブレッタータイクでつくる、
豚の耳という名のゲベック。
豚にちなんだ菓子は縁起物である。

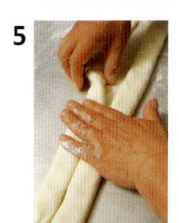

サイズ　50個取り
[材料]
折り込みブレッタータイク(25ページ)
　——500g
砂糖　Zucker——50g

成形

1　折り込みブレッタータイクを厚さ3mmまでのばし、30×40cmの長方形に整える。
2　打ち粉をはらい、表面に砂糖50gをまぶす。
3　長辺が上下になるようにおき、中心線を横にナイフで薄く引く。
4　上下の長辺からそれぞれ生地を中心線に向かって幅1.5cmずつ折っていく(4)。
5　中心部が3mmほど空いた状態で折り終える(5)。
6　中心部にはハケで水をぬる。その部分が内側になるように、上下の折った生地を重ねる(6)。
7　上から棒で押さえて、層を密着させ、形を整える(7)。
8　冷凍庫で冷やし固める。
9　表面に砂糖をまぶす(9)。
10　厚さ7mm(1枚8g)にスライスする。

焼成

200℃のオーブンで下火10分間、上火10〜15分間焼成する。

Die deutschen Kuchen sind in Japan beliebt.

日本におけるドイツ菓子

日本へ本格的にドイツ菓子を紹介し、ドイツ菓子の技術を持ち込んだのは、ドイツ人、カール・ユーハイム氏である。彼は運命のいたずらで第一次世界大戦の日本軍の捕虜として中国の青島から日本へ連行された。それは、1915年のことであった。4791人のドイツ人捕虜が日本全国12ヶ所の収容所へ護送された。そして、1919年3月4日～12日、広島県物産陳列館（現在の原爆ドーム）でドイツ人捕虜の作品展示即売会が開かれ、カール氏はバウムクーヘンを出品即売し、飛ぶように売れた。ドイツ菓子が日本人の口に合うことを知り、青島へ戻ることも、アメリカ行きの夢も捨てて、日本の地を選ぶことにした。氏は1920年1月に捕虜を釈放され、東京銀座の明治屋が経営するカフェ・ユーロップの製菓主任として2年間働き、1922年3月7日に横浜に菓子喫茶の店を開店した。ところが、1923年9月1日に関東大震災で店が倒壊し、避難船に乗って神戸へ移住し、1923年12月1日に神戸本店を開店した。カール氏の焼き上げるバウムクーヘンと店を切りもりするエリーゼさんの接客は神戸市民の評判となり、谷崎潤一郎の「細雪」にも取り上げられて、神戸の名店となっていった。今から90年前に日本で本格的な菓子・喫茶の店を開いたドイツ人はカール、エリーゼ・ユーハイム夫妻以外にはいない。

カール氏の父親はカオプ・アム・ラインという寒村で、小さなビール会社を経営していた。カール氏は1886年12月25日（クリスマスの日）にユーハイム家の10番目の子供として生まれたので、必然的に菓子屋になる夢をふくらませた。成人した氏は180cmほどの長身で、バウムクーヘンづくりの名人であり、道具つきの指を持った指先の感覚（Fingerspitzengefühl）にすぐれた菓子職人だった。お菓子をつくる時に「一切れ一切れをマイスターの手で」（Stück für Stück von Meisterhand）という言葉を口にしたが、お客様が食べられるのは一切れだからと一つ一つをていねいにつくった。

また、おいしい菓子づくりの必要条件は良い材料を使うことだと言っていた。「純正材料が美味しさの秘密」（Exquisiter Geschmack durch feinste Zutaten.）という言葉が残っているが、「自然を食べる」ことを食品の基本だと考えていた。

カール・ユーハイム氏の珠玉の言葉に「菓子ハ神様カ」がある。「うまいものは誰にもうまい。神様がそう決めたのだろうな」「まったく俺にとっては菓子は神様ということか、よし、やろうぜ」ということである。

ユーハイム夫妻が日本で成功したのには訳がある。お二人は貧しい生活、戦争、地震、子供との死別等、想像を絶する辛酸をなめ尽くされた。お二人の博愛精神と人を思いやる心が、日本人を信頼し、日本人従業員をかわいがり、秘伝を科学的に教えたのである。

職人の世界ではOJT「お前、邪魔だ、立っていろ」で、親方の暗黙知を弟子は盗むように覚えるものである。

しかし、カール氏は、秘伝は盗むものではなく、科学的に教えるもの。絶えず「研究」と「愛情」が大切である。ベカは清潔でなければならない。風呂は毎日、爪は3日にあけずに切ることと言っていた。

カール氏の功績はドイツの銘菓バウムクーヘンを日本で最初に焼いたことである。バウムクーヘンの製法は、木の芯棒を回転させながら生地をかけ、直火で焼き上げる。この焼き方は人類の文明が始まった頃まで遡り、狩猟採集生活をしていた時代に、獲物を捕らえ、棒に通して廻しながら丸焼きにしたやりかたを今日に伝える貴重な技術である。「BAUM＝木」の「KUCHEN＝お菓子」として約300余年前に命名された。カール氏は、バウムクーヘンの名前の由来は、日本の「竹輪」と同じで木の心棒で焼くお菓子だからだと言っていた。

ドイツ人、カール・ユーハイム氏の製菓技術が愛弟子である田村末二郎氏、山口政栄氏、川村勇氏に受け継がれ、その後、井上譲二氏と山田茂氏に伝わり、この度カール氏の第三世代の弟子である安藤明氏に伝承された証として、柴田書店からドイツ菓子の専門書を発行することになった。安藤明氏は1978年にヴォルフェンビュッテルのマイスターシューレに学び、マイスターブリーフ（ドイツ菓子マイスター資格合格証）を取得し、神戸市マイスター、厚生労働省「現代の名工（卓越した技能者）」として表彰された、日本を代表する製菓技術者である。職人とは仕事のプロ、全体が分かる人で、人間でなければできない仕事をする人のことと考えるが、安藤氏もまた、すぐれた職人の一人である。

お菓子は幸福産業である。私たち菓子屋は洋菓子を通じて、暮らしに潤いと豊かさをもたらし、洋菓子のある新しい生活スタイル、新しい生活文化の創造に寄与できればと願っている。この本を出版するに当たり、私ども関係者はワクワク、ドキドキしながら今日の日を迎えた。読者のみなさんはこの本を手に取られてワクワク、ドキドキしながらカール・ユーハイム氏が言った「菓子ハ神様カ」という言葉の意味をかみしめてほしい。そして、安藤明マイスターが書いたドイツ菓子の神髄を味わって頂ければ望外の幸せである。

平成24年8月
株式会社ユーハイム
代表取締役社長　河本 武

技術監修
安藤　明(あんどう・あきら)

1978年、ドイツ・ヴォルフェンヴュッテルにて製菓マイスター試験に合格。ドイツ他ヨーロッパ各地で修業し、日本では数々の商品開発に携わる。1991年にはフランスで開催される世界の菓子コンクール「第2回クープ・デュ・モンド」で日本チームメンバーとして優勝。兵庫県より「ひょうごの匠」、兵庫県技能顕功賞他多数受賞。厚生労働省「現代の名工(卓越した技能者)」。

ドイツ菓子大全
Das deutsche Konditoreibuch

初版印刷	2012年8月30日	
初版発行	2012年9月15日	
編者	Ⓒ柴田書店	
技術監修	安藤 明(株式会社ユーハイム　ドイツ製菓マイスター)	
発行者	土肥大介	
発行所	株式会社　柴田書店	
	〒113-8477	
	東京都文京区湯島3-26-9	
	イヤサカビル	
	電話 [営業部]03-5816-8282(問合せ)	
	[書籍編集部]03-5816-8260	
	http://www.shibatashoten.co.jp	
印刷	図書印刷株式会社	
製本	株式会社常川製本	

本書収録内容の無断掲載・複写(コピー)・データ配信等の行為は固く禁じます。
乱丁・落丁本はお取替えいたします。
ISBN 978-4-388-06149-5
Printed in Japan